「できる人材」が定着する会社のつくり方

西川雄太
Yuta Nishikawa

合同フォレスト

はじめに

モチベーション・アップが社員の離職防止になるという誤解

今、人手不足による倒産が増えています。

帝国データバンクの調査では、人手不足の影響による2023年の倒産件数は、前年比86%増の260件に達し、過去最多を更新したようです。

採用難や社員の離職などで人手を確保できなかったことが要因となり、今後、倒産がさらに増えるとの見方もあります。

人手不足で倒産するのは大半が中小企業です。中小企業は、まさに淘汰《とうた》の波にさらされています。

・求人を出しても応募がない（採用）。
・採用してもすぐに辞めてしまう（定着）。

人手不足に悩む多くの中小企業では、人の「採用」か「定着」か、またはその両方に何らかの問題があります。それを解決することができなかったために、倒産に追い込まれているのです。

「人手不足」というのは、その結果であり、現象です。

問題の解決には、人手不足の要因である「採用」と「定着」それぞれに焦点を当てて、取り組んでいく必要があります。

採用の仕方に関しては、ここ15年ほどでずいぶんと多様化したと思います。転職エージェントやスカウトによる採用なども一般化しましたし、スマホの普及と共にSNSを活用する企業も増えました。企業の採用活動を専門的に支援するコンサルティング会社もあります。

一方で、定着に関してはどうでしょうか。

採用に比べると、社員の定着について書かれた本などはそこまで多くはありません。

代わりに、働く人の「モチベーション・アップ」について書かれた本は数多くあります。それらの本は、モチベーション・アップが結果的に離職防止につながる、という文脈でよく書かれています。

しかし、私が本書を通してお伝えしたいことは、実はモチベーション・アップで離職を防ぐことはできない、ということです。

たとえば、福利厚生の充実や資格取得の支援、金銭的なインセンティブはモチベーション・アップになりますが、本来、モチベーションを上げることで期待できるのは「仕事のパフォーマンス向上」であり、離職防止ではありません。

そのことが誤解されたままだと、いつまで経っても人手不足は解消しません。

離職防止という観点から言えば、モチベーションは、上げることよりも下げないことのほうが重要です。

人手不足で倒産する中小企業では、離職するほど社員のモチベーションを下げる〝何か〟が日常的に起こっています。

本書では、その〝何か〟に関わる、**「法律・契約・約束」が職場で極端に軽視されてしまっている**ことについて指摘していきます。

そのような状況にある職場では、いくら福利厚生を充実させようが、給与を上げようが(人手不足で倒産しそうな企業が昇給させることは難しいと思いますが)、社員は絶対に辞めてしまいます。

人手不足解消への取り組みの第一歩は「定着」です。その次に「採用」という順番になります。

定着に問題があると、会社は採用をし続けなければなりません。そして、採用のための取り組みは、定着のためのそれと比べて、コストも掛かります。

労働関係法令を遵守《じゅんしゅ》し、雇用契約を確実に履行し、社員との約束を守る――。

そのための社内体制を見直すだけで、さらなる離職を防ぐことは可能です。

大企業にしか勤めた経験がない人にとって、そんなことは考えたことすらないかもしれません。

私の会社もかつてはそうでしたが、創業間もない中小企業では、労務管理体制がきちんと整備されていないことがほとんどです。

その一方で、企業が遵守しなければならない労働関係法令は増え、社員の雇用形態も多様化しています。専門家ではなくても、誰もがスマホで簡単に法令や制度を確認できるなど情報が「民主化」し、社員も自らの権利に関わることについてはよくわかっています。それゆえに問題化しやすいのです。

そうした状態を放っておかないことが、やはり重要です。

自ら好んでスタートアップ企業に就職し、寝食を忘れて仕事に没頭する社員もいるでしょうが、経営者がそういう〝ありがたい〟状況に甘えていてはいけません。

いつかきっと、「業務後に行っている会議に残業代は付かないのですか？」と質問されることでしょう。

そのときには、人手不足で困りかけている状況にあるかもしれません。

「採用」と「定着」はつながっている

採用はうまくいっているのに、その後の定着に問題があることも多くあります。

創業後5～10年が経ち、経営が順調だと、会社のビジョンや方針が固まってきます。

経営者は、「私の会社は、何を大切にして、どういう状態を目指しているのか」について説得力をもって話せるようになっています。

採用活動においても、応募者に対して魅力を伝えられるようになり、採用もうまくいくのです。

しかし、採用活動を通して伝えてきた会社の方針が、実際に配属された職場で大事にされていなければ、新入社員はすぐに辞めてしまうでしょう。

かつて私の会社でも、まさにこのようなことが起こってしまいました。

私は、2013年にリハビリ特化型デイサービスで創業しました。

創業当初は、リハビリや介護に対する考え方も浅く、なんとなくやっていたところがありましたが、5年も経つと、事業の価値や目指すべき方向性が見え始めました。

現在は、沖縄県で在宅支援を軸に、デイサービス、訪問看護ステーションなど5つの関連事業を行っています。拠点数は23、社員数は200人ほどになっています。

明確なビジョンのもと、採用活動では、人の「専門性」を大事にするという方針で、自分の資格に健全なプライドを持ち、仕事にこだわりを見出せる人材の採用を進めてきました。

採用活動は軌道に乗り、まさに会社が求めるような人材が、たくさん入社してくるようになったのです。

「最近、どんどん優秀な人が入ってきますよね」と、社歴の長い社員からも言われるほどになりました。それにもかかわらず、どういうわけか、入社1年未満の退職者の数が増えていきました。

なぜでしょうか。

優秀な人ほど、入社後、専門職としての自分の仕事ぶりについて、これで良いのだろうか、もっと方法はないだろうかと悩みます。

真剣に仕事に向き合っているからこそ抱くこうした悩みを、上司がうまく受け止めてあげないと、優秀な人は辞めてしまうのだとわかったのです。

同じ職種同士であれば良いのですが、たとえば、介護福祉士の上司が、看護師の新入社員の悩みや相談に乗るのは、簡単ではありません。

私の会社で、訪問看護ステーション部門の離職率がデイサービス部門よりも低かったのは、このことが関係していると思っています。

訪問看護ステーションでは、管理職には必ず看護師が就きますし、1つの拠点に配属される人数も多いので、同職種の先輩もいます。

一方、デイサービスでは、看護師はチームに1人なので、一般的な業務の相談はできても、看護師としての悩みは上司に相談しにくいかもしれません。

上司が、新入社員とは別の職種・資格者であっても、各専門職がチームでどのような専門性を発揮してほしいのか、しっかり説明できるようにならないといけません。

新入社員からの相談に対して、「看護師はあなたしかいないので、任せます」などとやっていると、せっかく優秀な人材を採用してもすぐに辞めてしまいます。

このように、採用と定着はつながっています。

「どのような人材を採用するか」といった明確な採用方針を掲げたのであれば、

そのような人材が職場に定着し、仕事に打ち込めるような環境を、つくっていかなければならないということです。

本書では、私の会社の事例を紹介しながら、人手不足で悩む中小企業や創業間もないスタートアップ企業にとって、少しでも参考になるような「採用」と「定着」についてのお話ができれば幸いです。

もくじ

第2章 入社後の定着率を上げる採用のポイント

第4章 社員が定着する職場のつくり方

第6章　地域ナンバーワンを目指す経営理念

おわりに

第1章

人手不足に正しく向き合う

すべての業界で深刻化する人手不足

コロナ禍《か》は、日本に大きな影響を与えました。

感染拡大から3年あまりの2023年5月、新型コロナウイルス感染症（以下、コロナ）の位置づけは、ようやく「5類感染症」に移行し、季節性インフルエンザと同じ分類となりました。

これによって、コロナ禍と呼ばれていた事態はいちおう収束し、ようやく活気のある日々が戻ってきました。

しかし、企業には大きな問題が残りました。それが「人手不足」の状況です。

コロナ禍において、外食業をはじめ、多くの業界では、休業や社員の雇用調整によって倒産を回避しようとしました。

それが、コロナ禍が明け、客足が戻ると、今度は「働く人がいない」という事態に陥ってしまったのです。

東京商工リサーチの「人手不足に関するアンケート調査」(2023年2月)によると、7割超の企業が「人手不足だ」と回答しています。


私の会社が属する介護業界はどうなのでしょうか。

実は、コロナ禍においては他の業界と比べると「通常営業」でした。

コロナが蔓延《まんえん》した初期は、一部のデイサービスなどが外食業と同様に自主休業したものの、ほとんどの介護事業所は、事業所内でコロナが蔓延した場合を除いて休業していません。高齢者にとっては暮らしに必要なサービスだけに、利用を控える人も限定的でした。

というのも、早い段階で厚生労働省から、「高齢者の状態悪化やそれによる入院を回避するためにも、介護事業所は通常営業するように」という旨の通知が出されていたのです。

そのため私の会社でも採用にはあまり困りませんでした。人材確保の面でもこの間、恵まれていたのです。

ところが、コロナ禍も明け、多くの企業で業績がV字回復し、世界中から日本へ観光客がやってくるようになりました。

なかでも飲食、宿泊などのサービス業における人手不足は深刻な状況となっています。

空室があるのに、ハウスキーパーがいないために宿泊できないホテル、テーブルはあるのに、スタッフが足りなくて予約を制限する飲食店なども多くあります。

もともと、休暇が取りにくく、長時間労働になりがちなサービス業では定着率の低さが課題となっていました。

景気が回復してきて需要が増えている今こそ、根本的な人手不足の解決が必要になっています。

介護業界はというと、私の会社でも、コロナ禍ではあまり困らなかった採用が、徐々に難しくなってきています。介護業界は昔から、景気が悪くなると他業界から人材が流入し、逆に景気が良くなると、他業界に人材が流出すると言われています。

景気が良くなると採用が難しくなるのは、給与などの待遇面に加えて、いまだに仕事の魅力やキャリアアップの道筋をうまく示せていない業界全体の課題だともいえます。

それに、介護業界には、この先「２０４０年問題」と呼ばれる深刻な問題が待ち受けています。

２０４０年には「団塊ジュニア世代」が65歳以上となり、高齢者が全人口の約35％を占め、過去最大の割合が見込まれるというものです（図1）。

このとき、介護を担う人材はなんと69万人も不足するといわれています。

介護業界にとって人手不足の大きな波は、まだまだこれからだということです。

図1　日本の人口推移

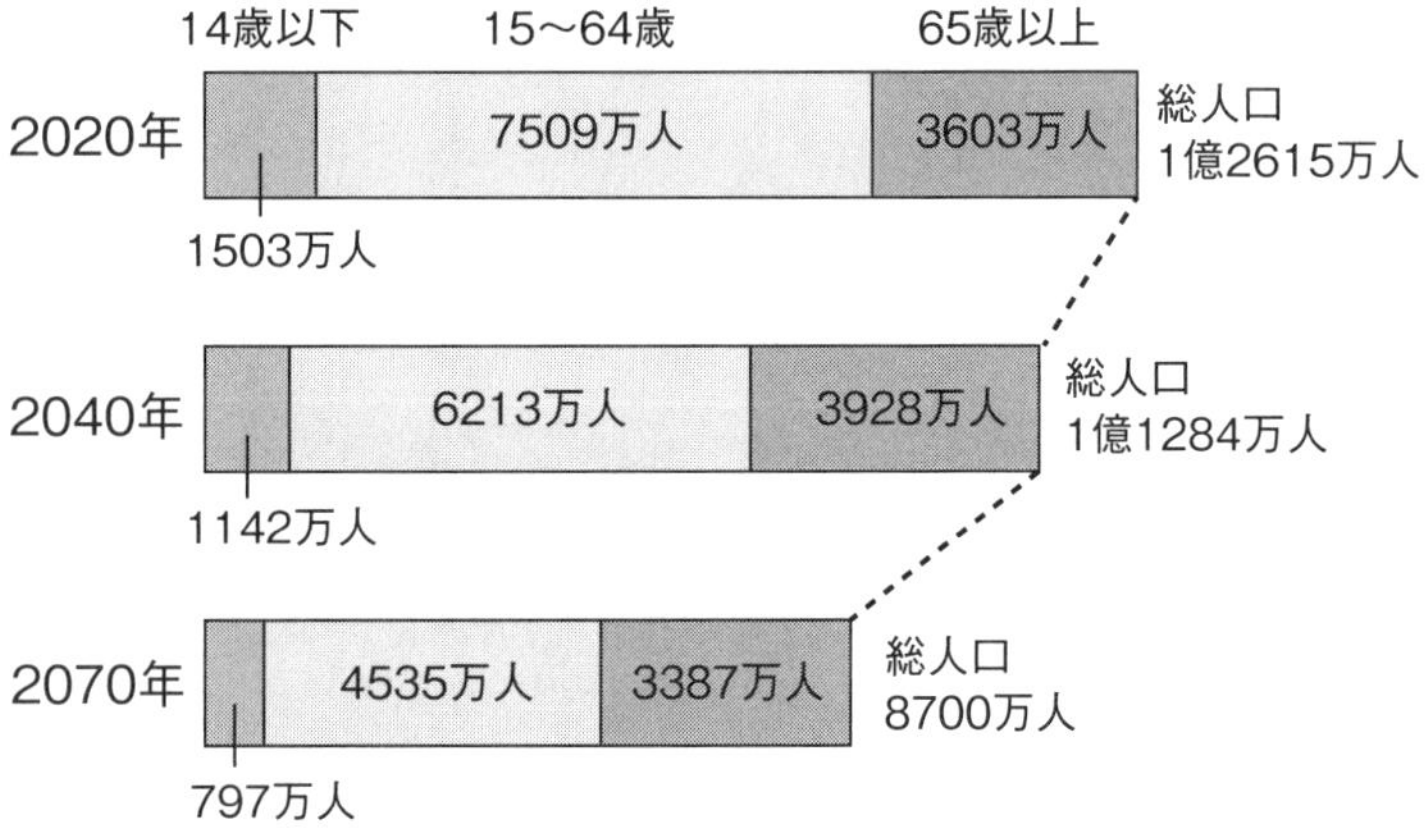

出典：厚生労働省HP「我が国の人口について」から抜粋

また、飲食や宿泊、介護などのサービス業の多くは小規模事業者や中小企業が運営しています。

人口減少の時代、今の人手不足が、今後なんとなく自然に解消されるような外的要因は見当たりません。

人手不足を引き起こす「採用」と「定着」における問題解決に取り組むには、今しかないのです。

大企業をまねしてもうまくいかない

一般に、今いる社員が職場に定着するようになるには、モチベーション・アップになるような策がとられがちです。

福利厚生の充実や資格取得の支援、さまざまな手当など、社員のモチベーションが上がった成功事例が、ネット上に多く上がっています。

それはそれで、間違っているわけではないのですが、定着に頭を抱えている中小企業の経営者がまねをするのは危険です。

大企業と中小企業では、社員の定着において「解決したい悩み」が異なっているからです。

一般的に大企業は、そこそこブランド力があり、大企業であることそのものが、社員にとってのステータスやモチベーションとして機能しています。

入社するのにもそれなりにハードルが高いので、辞めたいと思うようなことがあっても「辞めるのはもったいない」と考える社員もいることでしょう。こういったことは中小企業ではあまり見られない現象です。

大企業には、仕事へのやる気や情熱がなく、漫然《まんぜん》と会社にしがみつく社員が一定数います。そのような、いびつな形で社員の職場定着が実現している側面があるのです。

そうした人にはさっさと辞めてもらえればよいのですが、なかなか、そうもいきません。

大企業が社員のモチベーションを上げようと策を講じるのには、仕事をせずに居座る社員のやる気を駆り立て、パフォーマンスを上げさせたいという、大企業ならではの事情もあるのです。

大企業からすると、もちろん困った問題だとは思いますが、私は、一人の中小企業経営者として、少し羨《うらや》ましいとも感じます。

これは半分冗談、半分本気なのですが、私の会社で働く社員が、周囲から「せっかくベストライフに入社できたのに辞めるのはもったいないよ」と言われるような会社にしたいと思っています。

半分冗談なのは、実際に辞めてもらいたい社員に定着されることもまた、それはそれで会社を潰す原因になるからです。

一方で、社員がなかなか定着せずに困っているのは中小企業です。何とか定着率を上げようと、モチベーション・アップになるような策をとったところで、離職防止には効きません。

無理して福利厚生を充実させてみたり、社員においしいご飯をご馳走《ちそう》してみたりと、必死に対策をとっても辞めていくので、「あんなにやってあげたのに」と恨《うら》み節《ぶし》を言う経営者もいます。

それも当然です。定着が課題なら、モチベーション・アップではなく、何がモチベーション・ダウンになっているのかに注目するべきなのです。

法律と雇用契約を守ることが最重要

あらゆる手を打っても、社員の退職が止まらないという中小企業は、実は足元で大きな見落としをしていることがあります。

それは、職場において、労働基準法に代表される労働関係法令が守られていなかったり、社員と入社時に交わした雇用契約が履行されていなかったり、ということです。

そのような状態だと、何をやっても社員の職場定着は実現しません。

法律と契約を守ること。これは会社として当たり前のことです。

大企業にしか勤めたことがない人には、法律と契約が守られていない職場のイメージがわかないかもしれません。

しかし、意外にも多くの中小企業では、この当たり前が当たり前ではないのです。

白状すると、私も創業から数年間、きちんとできていませんでした。

努力してもできなかったというよりは、どちらかというと軽視していた、というのが実情に近いかもしれません。

創業期は、とにかく事業を軌道に乗せることに全力を注ぐ必要があります。私と同じように、大切なことを後回しにしてしまった経験をもつ経営者もいるのではないでしょうか。

会社の創業期には、問題は起きなかったかもしれません。なぜなら創業期においては、社長と社員は同じ現場で同じ仕事に取り組む「同志」であり、仕事仲間という意識が強いからです。

社員が休暇を取るために、社長が休み返上で現場をカバーする。そんな社長の姿に、「この人についていこう」と社員は意気に感じるでしょう。夜遅くまで一緒に仕事をすることもあると思います。

しかし、会社が成長すると、社長は社員と同じ仕事をしてはいられません。

いつまでも社員と仲間の意識でいると、いずれ社長は社員の離職という痛い目を見るのです。

会社の成長過程において、労働関係法令を守って、雇用契約を履行できる体制をきちんと整備していくべきです。それまでの遅れを取り戻す必要があります。

そのためには、まずは社長が、社員との関係、つまり**「労使関係とは、労働者一人ひとりと締結する契約によってのみ成立する関係である」**という正しい認識をもつことがすべての出発点になります。

正しい労使関係と「自分らしく生きること」

いくら社員の誕生日にプレゼントをしても、高級なレストランでおいしい食事をご馳走しても、社員は辞めるときは辞めます。

なかには、そうして目をかけたのに、あっさりと辞めていった社員のことを「裏切り者」呼ばわりする社長がいますが、それは間違っています。労使関係とは、そのような私情を交えた関係ではないからです。もちろん社長にとっては、社員に辞められるのは寂しいものです。

ですが、社員の離職のたびに情緒的になっていては、社長の仕事は務まりません。冷たいように聞こえるかもしれませんが、良い仕事を長く続けるためにも、正しい労使関係の認識をもつことが重要なのです。

同じように社員の側もまた、自分がサインした雇用契約の内容を理解する必要があります。

たいていの社員は法や契約について教育を受ける機会がないため、契約にもとづく関係という意識が希薄です。

私自身も、勤めていた頃には自分の雇用契約など気にもしませんでした。

しかし、働く側である社員のこうした契約意識への低さが、ブラック企業の経営者を生み出してしまう要因にもなっているのです。

私は沖縄に来る以前、東京のベンチャー・リンクというコンサルティング会社で働いていました。そこには、将来独立を目指す、長時間労働もいとわない野心あふれる同僚がたくさんいました。

なかなか厳しい職場ではありましたが、みんな、自分の将来のため、ここでは修行のつもりで頑張っていました。

同じような会社は、かつては多くあったように思いますが、時代の流れとともに減ってきたように思います。

最近は仕事に対する意識も大きく変わってきています。

昨今、「好きなことを仕事にする人たち」が増えました。また、YouTuber に代表される彼らの暮らしぶりはＳＮＳによって可視化され、若い人の仕事観にも影響を与えています。

会社に勤めながら、副業でやりたいことをする人も今では当たり前のようにいます。

会社も副業を認める傾向にあります。

おまけに実質賃金もずっと下がっているので、かつてのように、将来のために今を我慢するという発想を持つことはなかなかできません。

だったら、将来ではなく、今を自分らしく生きようと考える人が増えるのは当然といえるでしょう。

好きに生きることに対して、社会が寛容になった反面、組織に頼らず、自分がしっかりしないといけない時代になったとも言えます。

そんな時代だからこそ、労使双方が、きちんと契約を重んじるという姿勢がますます重要な気がします。

モチベーションは「下げない」ほうが大事

厚生労働省によると、２０２２年の全産業における離職率は15・０％でした（「令和４年度雇用動向調査」）。そのうち、業界別の離職率では、「宿泊業、飲食サービス業」が26・８％ともっとも高く、業界の苦況を表しています。

また、人を採用するには採用コストがかかります。

リクルート就職みらい研究所の調査（「就職白書２０２２」）によると、１人あたりの採用単価は、新卒で93・６万円、中途採用で１０３・３万円だそうです。

社員を採用して終わりではなく、そこから教育のためのコストがかかります。社員が辞めると、かけたコストがムダになってしまいます。

図２　モチベーション・アップ策の効果

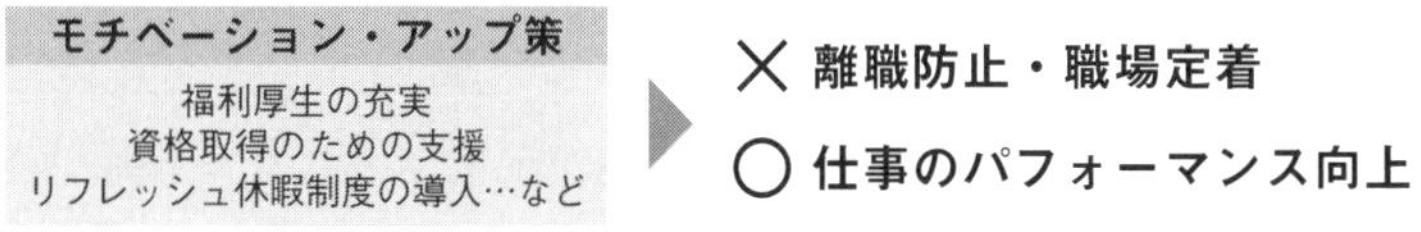

モチベーション・アップ策では離職は防げない

多くの経営者は、教育コストをかけて訓練した社員が定着し、活躍してもらうことがいかに大切かをわかっています。

わかっていてもうまくいかないのは、やり方か、順番が間違っているためです。

先に挙げた「福利厚生の充実」や「資格取得の支援」などのモチベーション・アップ策は、離職防止というよりは、仕事のパフォーマンスを向上させるための策です（図２）。

社員が辞める理由もさまざまです。キャリアアップなどの前向きな転職や、別の仕事にチャレンジしたいということで辞めていく社員もいます。

これらの離職は止めようがありません。むしろ、止める必要はまったくありません。

防ぐべき社員の離職とは、職場において法律や契約が守られていなかったり、軽視されていたりすることによるモチベーション・ダウンでの離職です。

これらが改善されない状態で、いくらモチベーション・アップ策を図ってもうまくいきません。


たとえば建物を建てるときには、まず地盤調査を行います。その地盤がどの程度の建物の重さに耐え、沈下に抵抗する力があるかを調べるのです。

その上で基礎を打ち、建物を建設します。

モチベーションを下げないよう対策せずに、上げる策ばかりを考えて実施することは、ユルユルの地盤に家を建てるようなものです。

どれだけ立派な家を建てたとしても、地盤沈下で住めたものではありません。


社員のモチベーションは、まずは「上げる」よりも「下げない」ことを優先すべき

です。

モチベーション・ダウンとなる要素を排除し、その上でモチベーション・アップ策を考える、これが正しい順番です。

それに、モチベーション・アップ策にはコストがかかります。順番を間違えると、目的は達成されずにお金もムダになってしまいます。

「採用と定着」が会社発展の第一歩

モチベーションが下がらない職場環境ができたら、社員の離職は減っていきます。

定着率が上がってくると、採用も良い方向に回り始めます。

すべての経営者は会社を成長させたいと思いながらも、その足かせとなっているのが「採用」と「定着」での失敗です。

この2つがうまくいけば、会社はだいたいうまくいきます。

会社がうまくいくと、昇給もでき、賞与もしっかり出せるようになりますし、ブランド力もついてきます。

そうなると、応募者も増え、採用が今までよりも楽になり、優秀な人材が次々入社し、さらに会社が成長し……というプラスの成長サイクルに入るのです。

そういった状態を、多くの中小企業の経営者が求めていることでしょう。そのための第一歩は社員の採用と定着であり、まずは定着を阻害するモチベーション・ダウンを起こさないようにすることなのです。

仕事のミスを叱ってもモチベーションは下がらない

社員のモチベーションを下げさせないためには、あまり叱《しか》らないほうがよいのではないかと思うかもしれません。

ですが、そんなことはありません。

最近、上司を悩ませているのが部下への指導、とくに叱ることです。

仕事のミスを叱られること自体で、社員のモチベーションは下がらないと私は思います。モチベーションが下がるとしたら、叱られることよりも、叱り方のルールの問題かもしれません。

上司が厳しく叱ると、部下は落ち込んでしまい、「辞める」と言い出す懸念もあります。

上司は指導のつもりで叱ったつもりでも、「パワハラだ」と言われることがあるかもしれません。部下のモチベーション・ダウンを恐れるあまり、叱れない上司は少なくないと思います。

しかし、会社が法律と契約を守っている限りにおいては、堂々と叱るべきだと思います。

ここで私の体験をお話しさせてください。

ベンチャー・リンク時代の私の仕事は、営業職で、中堅中小企業の経営者と商談を重ねて、数百万から数千万円の新規事業を提案するというものでした。

そんな大きな仕事は学生上がりの新卒にできるはずがありません。だからこそ、早く一人前になるために入社1年目から厳しい訓練を受けるわけです。

入社したばかりの新人にできる仕事は、先輩のために商談のアポイントを取ることでした。アポイントが取れた新人は、先輩と一緒に企業訪問ができ、先輩の仕事ぶりを隣で見て経験を積むことができました。

そうしていざ自分一人で商談に向かうにあたっては、1つ、条件をクリアする必要がありました。それは「会社説明」ができるようになることでした。会社の創業から現在までの沿革を4分ほどでスラスラと言えなければいけません。

先輩に聞いてもらって合格点をもらわない限りは、1人での訪問が許されていませんでした。


入社1カ月頃のことです。私はまだ会社説明の合格点をもらっていないにもかかわらず、アポイントを取って1人で企業を訪問しようとしました。

そのことが訪問前夜にバレてしまい、先輩からは「これで失敗して帰ってきたら、お前、許さんからな」という恐ろしい留守電が入っていました。

心底、肝が冷えました。あせった私は、先輩の自宅近くまでタクシーで向かいながら何度も電話を掛けましたが、出てもらえませんでした。

仕方なく、私は部門トップの上長に連絡をしました。

上長は、「明日はもう行くしかないから、今、会社説明をしてみろ」と言ってくれて、私はその場で電話越しに会社説明を行い、何とか合格点をもらいました。

幸いなことに、翌日の訪問はうまくいきましたが、会社に戻った私は、ルール違反をこってりと絞られました。

私自身、仕事のミスを叱られたことで、会社を辞めようと思ったことはありません。自分がルール違反をして叱られたわけですから、「もう怒られたくない」「次はちゃんとしよう」としか考えませんでした。

そもそも入社したばかりの時期は、「会社を辞めよう」とは思っていないはずです。不安はあるとしても、やる気に満ちています。

新人は、誰でも仕事ができません。ですから、叱られることや注意されることは日常茶飯事のはずです。

叱ること自体が悪いのではありません。叱る理由が理不尽な場合や、部下の尊厳を傷つけるような叱り方のほうに問題があるのです。

「法律・契約・約束」違反でモチベーションは下がる

では一体、何が、離職にもつながるほどにモチベーションを下げるのでしょうか。

それは、「法律・契約・約束」が職場で守られなかったときです。


ここでいう法律とは、労働基準法に代表される各労働関係法令です。それにもとづいて会社で作られた就業規則なども含みます。

契約とは、会社と従業員の間で交わされる雇用契約や労使協定などです。

約束とは、普段の仕事において、主に上司と交わされるさまざまな約束のことです。ちょっとした口約束なども含みます。


これらは会社が故意に守っていないこともあれば、無意識に違反してしまっている

図３　中小企業にありがちな離職の構図

職場において…
労働基準法が遵守されない
雇用契約が履行されない
約束が守られない
モチベーション
・ダウン
離職

こともあります。どちらにしても、社員のモチベーションは下がります。

そうならないために、経営者がやるべきことは、はっきりしています。

法律は、そもそも遵守する以外の選択肢はありません。

労働関係法令は、しばしば法改正があり、通知が出されます。

顧問の社会保険労務士（以下、社労士）がいる場合は、助言をもらい、とくに経営陣や管理職の法への理解を深めることが大事です。就業規則の見直し、アップデートも必要です。

私の会社でも、法律の改正時には社労士に来てもらい、勉強会を開催しています。

契約は、入社前に細かく条件を提示し、本人の同意を得ておくことで、入社後の「聞いていなかった」を極力なくすことです。

約束は、たとえば、上司は検討するつもりがないことを「検討しておくよ」と安易に言わないことです。一度、検討しておくと言ったことは、その結果を確実に返すことが大事です。

次章以降で具体的に説明しますが、この「法律・契約・約束」の3つが守られなかったときに、社員のモチベーションは下がり、最悪、それによって離職するのです（図3）。

看護師の高い定着を実現できた理由

私の会社の事業の一つに「訪問看護ステーション（クラセル事業部）」があります。

乳幼児から高齢者まで、ご自宅で療養が必要な方に対して、医師の指示書にもとづいて看護師等が訪問し、医療処置やリハビリテーション、看取りなどを実施します。訪問看護ステーションで、おもな仕事に従事するのは看護師です。

今、看護師は全国の医療現場で不足しています。

厚生労働省によると、2022年度の看護師の有効求人倍率は2・2倍と、職種全体の1・28倍と比べて高い水準にあります（一般職業紹介状況・職業安定業務統計2022年）

看護師は介護業界だけでなく、病院、クリニック、老人ホームなど医療・介護の業界すべてで必要とされています。病気になっても、介護でも必要とされる看護師の存在は貴重です。

今まさに、看護師は引く手あまたです。

看護師は、国家資格を取って経験を積めば、全国どこへ行っても求人があり、市場価値が高い、いわば食いっぱぐれがない職業です。

看護師専門の転職サイトや転職エージェンシーも多数あります。単独でビジネスが成立するだけのニーズがあるのです。

もちろん、看護師の人もわかっています。「嫌だったら、いつでも辞める」「他に行くところがいくらでもある」と公言する人が少なくありません。

私の会社の看護師にも、「日本全国どこでも働けるから、大好きな沖縄で働きたかった」という転職理由の人がいます。

このように、看護師はよほど工夫しないと、定着が難しい職種です。

私の会社の訪問看護ステーションには、40人あまりの看護師がいます。2021年には、退職者はわずか2人、2022年は退職者1人のみという、高い定着を実現できています。

それが実現できたのには理由があります。

先に話した法律や契約、入社時の約束を守り、入社前後のギャップをなくす施策を行ってきたからです。

過剰に待遇を良くしたり、特別扱いをしたり、モチベーション・アップの施策を取ったりしたからではありません。

モチベーションを下げないためのやり方で、社内整備を行ったからです。それは採用段階から始まっています。

何も特別なことではなく「当たり前のこと」です。

当たり前にもかかわらず、多くの中小企業ではそれができていません。社員が定着せずに、辞めては採用する、採用の無限ループに陥ってしまっています。

そこから脱却するための具体的な方法を、次章からお伝えしていきます。

コラム

芸能人の「みそぎ介護」をやめさせたい

まじめに仕事に取り組んでいる介護職の人のモチベーションを下げる風潮が、芸能人の「みそぎ介護」です。不祥事を起こした芸能人が、活動自粛期間中にイメージ回復のために介護に従事するというものです。世間からは「介護をみそぎの道具に使うな」「介護の仕事をバカにするな」といった声も時折聞かれます。

これには私も同感です。このようなニュースが流れると、「介護の仕事は、素人やボランティアでもできる専門性のない仕事だ」と世間は誤解します。

たとえば、介護の専門職で国家資格である介護福祉士になるためには、いくつかルートがありますが、最低2～3年は、専門学校での勉強や実務経験を積み、国家試験に合格しなければいけません。そこでは、介護に関する技術はもちろんのこと、認知症や重度障害の方とのコミュニケーション手法、法制度の理解など、かなりの量の知識を身に付けます。

そのため、介護の現場では、介護福祉士の資格保有者を一定割合配置することで、通常よりも高い介護報酬を請求できる仕組みとなっています。

つまり、日本の介護保険制度は、介護福祉士の専門性をきちんと評価しているのです。介護業界は担い手が圧倒的に不足していますが、子どもの頃からおばあちゃんやおじいちゃんが好きで、将来、高齢者の支援を専門的に学びたいと思う若者もいます。その中で、芸能人のみそぎ介護は、介護に対する印象を下げる一つの要因ではないかと思います。介護職の人手不足問題を解消するためには、まず賃上げが必要ですが、介護事業は公定価格であり、介護保険料と税金が財源となっているので、賃上げをするのも簡単ではありません。

納税し、介護保険料を納める労働者人口が減っていく一方で、介護サービスを必要とする高齢者はどんどん増えていきます。介護現場におけるICT化やロボット導入による生産性向上も、残念ながら、人手不足の解消に大きなインパクトは与えないでしょう。

この問題を解決するには、外国人労働者に大胆に参入してもらうしか方法はないと、私は思います。介護の担い手は、日本人でも外国人でもかまいません。とにかく、介護現場において、「介護の仕事は奥が深くて、磨きがいがあるものだ」と実感できる人が、一人でも多く増えることを望んでいます。

そのためにも、芸能人の「みそぎ介護」をやめさせたいのです。

【第1章】まとめ

離職防止の基本は「法律・契約・約束」を守ること

第2章

入社後の定着率を上げる採用のポイント

「来た人採用」は離職への無限ループ

一般に、中小企業では、求人募集を出してもなかなか人が集まりません。

中小企業にありがちな、来てくれた人を無条件で採用することを、私は「来た人採用」と呼んでいます。

人手が足りない中、大企業と比べて条件面で不利な中小企業は「来た人」を採用する以外に方法がありません。面接の結果、採用を見送りたいと思った人でもやむを得ず採用し、案の定、すぐに退職されるということもありがちです。

「採用」は、人材を採用して終わりではありません。そこから長く働いてもらうためには、仕事に見合った人物で、職場に定着しそうかどうかも採用する条件として大切なことです。

面接でそれを踏まえた結果、「採用すべきでない」と思った人物は、やはりその時点で不採用にすべきです。

とはいえ、現実は甘くありません。そもそも人が来ないので、来てくれた人を採用するしかありません。その結果、うまく定着せずに、「来た人採用→離職→来た人採用」の無限ループから抜け出せなくなっているのです。

このループから抜け出すためには、まず面接を受けに来る応募者の母数を増やして、きちんと選考できる状態にしたいところです。

私の会社では、社員を採用する場合、いきなり面接をするのではなく、まず会社説明会を行っています。その上で、面接、職場体験を経て入社してもらっています。

本章では、私の会社の事例をもとに、「入社後の定着率がアップする採用のポイント」をお伝えします。

定着率を上げる採用のポイント

1　会社説明会の開催で応募者を増やす

2　採用は「集客」と同じ視点で考える

3　会社説明会では「会社のリアル」を伝える

4　面接で仕事に対するこだわりやポリシーを見極める

5　面接で会社の現実をしっかりと説明する

6「解釈が異なる言葉」は使わない

7　職場体験で納得してもらう

8　社員との契約や約束を守ることは大前提

9　経営者と社員は契約関係だと自覚する

【ポイント1】会社説明会の開催で応募者を増やす

採用する側にとってベストなのは、会社のことをよく知ってもらった上で、「この会社で働きたい」と思って応募してくる人が増えることです。

それを可能にし、応募者の母数を増やす方法が、会社説明会の開催です。

新卒学生が参加する就活イベントをイメージしてください。

学生たちは、各企業のブースで会社のことや仕事内容について説明を受けます。その上で、興味を持った人が本選考にエントリーするという流れとなっています。

この流れは、中小企業の中途採用でも使えます。

通常、社員を募集する際、リクナビやマイナビ、Indeed《インディード》などに求人広告を出すと思います。その中で会社説明会を告知し、参加するように促します。

できるだけ気軽に参加してもらうために、履歴書は不要、私服でも、とくに転職を考えていなくても、競合他社に勤めていて視察目的であっても、すべてOKとします。

応募フォームは、フォームズなどで無料作成し、簡単に申し込めるようにします。大切なのは、応募者の心理的なハードルを下げることです。いきなり面接希望者を募るよりも、会社説明会を設けることで応募者の数は増えるはずです。

私の会社では、社員数人の創業時から、採用活動に会社説明会を取り入れています。会社説明会は、毎年5、6回（各回30〜60分ほど）開催し、年間で約100人が参加されています。

2022年度、説明会に参加されたのは178人でした。そのうち、次のステップの面接にエントリーしたのは131人。最終的な内定者数は46人（内定率35％）です。説明会に参加した方のうち、3割弱の47人は面接にエントリーしませんでした。この方たちは会社や業務のことを理解した上で選考を辞退されています。入社しても、おそらくすぐに辞めてしまったことでしょう。

会社説明会をして、可能な限り入社前後のギャップを埋めておくことが、入社後の定着につながります。

説明会では、それほどの興味もなく参加する人もいますが、1回の説明会で参加者を多数集めるほど、「これだけ多くの人が参加しているということは、良い会社なのかな」と期待してくれる効果もあります。

【ポイント2】採用は「集客」と同じ視点で考える

いきなり面接をせず、最初に会社説明会を実施すると、応募者の心理的なハードルが下がります。

大学生の就職活動のシステムは、この20年ほど変わっていません。3年生になったら就職サイトで募集している企業を探し、会社説明会にエントリーをします。

多くの学生は、大手企業の会社説明会に参加し、就職活動をスタートさせると思います。

かつて私も就職活動の際、50社以上の会社説明会に参加しました。

この会社説明会には、決まったパターンがあります。前半はその企業の説明、後半は質疑応答、そして最後に、「ぜひエントリーシートをお待ちしております」で終わります。学生は印象の良かった会社にエントリーシートを送り、うまくいけば面接へ進みます。このやり方を、そのまま私の会社の中途採用のモデルにしたのです。

「それは大手企業が新卒を採るときにやるものじゃないの?」

そう思うかもしれません。

一般に、中小企業が中途採用をするときには、いきなり面接から始めます。

そもそも人が来ない中で、そのような採用方式を続けていては、いつまで経っても「来た人採用」から抜け出すことはできません。

応募者にとって、いきなりの面接はハードルが高いものです。履歴書を用意して、スーツを着ていく必要があるでしょう。

それよりも、「手ぶら、私服」で会社のことを教えてくれる会社説明会のほうがよっぽど行きやすいはずです。

自由に参加して、座って話を聞いて、エントリーをしたければする。そのほうがプレッシャーは少ないのです。

たとえるなら、住宅展示場のようなものです。

魅力的な家が建っている会場に気軽に来てもらい、興味を引かせた上で、営業のクロージングをかける。このやり方と同じです。

住宅展示場も人材採用も「集客」が肝心です。

そもそも人が来ないと、クロージングをかけることはできません。まず人を集める方法として、会社説明会を取り入れてみてください。

最初に会社説明会を行うスタイルであれば、社員からの紹介（リファーラル採用）も期待できます。

リファーラル採用では、社員に求める人材の要件を伝え、適性がありそうな人を誘ってもらいます。そうすることで、その会社に合った質の高い人材を採用しやすくなります。

「今度、うちの会社が説明会やるみたいだから、参加して聞いてみたら？」

と言うのが、誘う側も誘われる側も気軽でおすすめです。

【ポイント3】会社説明会では「会社のリアル」を伝える

私の会社の場合、会社説明会は30～60分ほどで行っています。

必要な情報をできるだけ端的に、かつ正確に伝えることが大切です。説明会の流れは次の通りです。

・会社概要、理念やビジョンについて（5分）
・当社の在宅医療・介護、福祉に対する考え方について（15分）
・仕事内容と勤務条件について（10分）
・質疑応答

はじめに、参加へのお礼とともに、なぜ会社説明会を行っているのか、その理由を説明します。

目的は入社前後のギャップを極力なくすこと。疑問点は質問してほしいこと。自分と合わないと思ったらエントリーの必要もないこと。これらのことを必ず伝えています。

次に「会社概要、理念やビジョン」を伝えます。

創業からの経緯、どのような理念にもとづき、どのような将来へのビジョンを描いて事業を運営しているかなど、会社の性格やこだわりを知ってもらうためです。

あわせて、業界の動向についても説明します。私の会社の場合は、「在宅医療・介護、福祉に対する考え方」です。

参加者の多くは、同じ業界で仕事をされています。

真面目に仕事に向き合っている人ほど、給料さえもらえれば、それで良しと考えません。患者や利用者の方々に対して、もっと自分にできることはないかと悩んでいたり、スキルや知識不足を感じていたりします。

そのような意識の高い人に入社してもらえるように、会社が業界をどのように見ていて、どのような考え方で仕事に取り組んでいるのかを説明しています。

この説明は、真面目に仕事をしている人ほど共感してもらえます。

そこまで考えて仕事をしていない人は、「この会社は、何か自分には合わないようだ」と感じるはずです。

最後に、具体的な仕事内容と勤務条件を説明し、質疑応答ののちに終了するという流れです。


ポイントは、この会社説明会の時点で面接に進む人をふるいにかけて絞ることです。

会社説明会では、できるだけ、会社のリアルな実態を伝えましょう。

忙しいのが嫌な人は、忙しい会社だという説明を聞くと、この時点でエントリーを辞退します。会社のリアルな実態を知って入社したくないと思う人には、辞退してもらうほうがお互いのためなのです。

もちろん、**なんとなく参加した人が、「この会社を受けたい」と思ってもらえるような魅力的な説明会にするために、内容に磨きをかけることはとても重要です。**

【ポイント4】面接で仕事に対するこだわりやポリシーを見極める

会社説明会を経て、次のステップに進んだ応募者には、後日、面接を行います。

会社説明会が「応募者が会社のことを知る場」だとすれば、面接は「会社が応募者のことを知る場」と言えます。

会社説明会でいくら実態を説明したとしても、入社前後のギャップを完全には潰せません。ここでもお互いに見極めが必要なのです。

私の会社の場合、面接は1対1、30〜60分で実施しています。

面接で聞くことは、大きく分けて次の2つです。

・会社説明会に参加しての感想
・仕事観やこだわり

面接では、会社説明会の感想を聞くことから始めます。応募者は緊張しているので、いきなり突っ込んだ質問をしても答えにくいはずです。
アイスブレイクに時間を割くにしても、面接官も応募者も忙しいので、できるだけ要点を絞って効率よく進めたいものです。そこで、

「この前は説明会に参加してもらってありがとうございました。いろいろと話をさせてもらいましたが、弊社のどういうところが気に入って面接を受けてみようと思ってもらえたのでしょうか？」

というように、導入でおおまかな感想を聞きます。

そうすると相手の緊張もほどけ、リラックスしてざっくりと答えてくれます。そこから少しずつ話を掘り下げていき、面接を進めるのです。

応募者が語る「説明会の感想」の中には、その人の仕事観やこだわりが隠されています。

「ビジョンと考え方に共感した」という感想であれば、仕事にこだわりを持っている人でしょう。自分と今の職場での考え方にギャップを感じているかもしれません。「土日祝日が休みだったので」という感想であれば、仕事とプライベートの両立を重視している人でしょう。

そこから話を深めていくのです。

面接の中で見極めるのは、仕事に対するこだわりやポリシーを持っているかどうか、それは何かです。

通常、私の会社を含めて中小企業は通年採用で、多くが転職者の中途採用です。応募者は、多少にかかわらず、過去に定職に就いていた経験があります。

ですから、自分なりの仕事へのこだわりや価値観を持っているはずです。それは、職種や資格特有のこだわりかもしれませんし、仕事への向き合い方かもしれません。もしくは、「週末に、次の週の仕事の準備をしている」とか、「絶対、納期には間に合わせてきた」「一度も会社を休んだことがない」ことかもしれません。

そういうしっかりした仕事観やこだわりを持っている人は、安心して仕事も任せられます。職場に入って活躍する可能性が高い人です。

このようなことは、本人が自覚していないこともあります。過去の仕事でのエピソードなどを話してもらいながら、「どの辺にこだわりがある人かな？」と意識して耳を傾けるとよいでしょう。

【ポイント5】面接では会社の現実をしっかりと説明する

会社説明会では、「私たちは、こういうビジョンの実現に向けて仕事をしています」などと、わくわくした理想の話もしています。

それを聞いた応募者の頭の中で、理想の毎日と入社後の現実とのギャップが生じることがあります。

面接では、現実の話をしなくてはいけません。高い理想を掲げ、本気でそれに取り組む会社ほど、毎日が忙しいものです。

応募者の中には、会社の事情を理解できずに、自分にとって都合の良いことしか見えない人もいますので要注意です。

私の会社のデイサービス部門は、土・日・祝日が固定休です。有給休暇を除いた年間休日は123日と、同業の競合他社より休みが多い事業所です。

それを実現するためには、競合他社よりも生産性を高くする努力が求められます。当然、営業日は忙しかったりするわけです。

「御社は休みが多く、プライベートと両立できそうなので応募しました」という人の中には、そうした現実を想像していない場合も考えられます。

そのため、「弊社はどこよりも忙しいと思います」と具体的に会社の現実を説明しています。こうしたことも、入社後の定着に関わる大事なプロセスです。

会社説明会では、会社が掲げる理想に共感してもらい、面接では現実についてもしっかりと説明するのです。

【ポイント6】「解釈が異なる言葉」は使わない

採用の選考過程を通して大事なことがあります。

それは、応募者に対して、「人によって解釈が異なる言葉」を使わないように気を配るということです。

たとえば、面接官が、「うちの会社はみんな仲が良い」と言ったとします。

このときの「仲が良い」の定義は人それぞれで違います。

同じ「仲が良い」でも、一緒に飲みに行くのが「仲が良い」ことだと思っている人もいれば、過度にプライベートに干渉せず、お互いを尊重するのが「仲が良い」ことだと解釈する人もいます。

この時点で、すでにギャップが生じています。面接の時点でどのように仲が良いのか、「仲が良い」の中身を説明しないと、入社後に「思っていたのと違う」「聞いていたのと違う」となりかねません。

「仲が良い」のほかにも、「風通しが良い」「頑張っている人が多い」「優しい人ばかりだ」など、人によって解釈が異なる言葉はたくさんあります。言葉の定義を明確に説明しないと、応募者は、自分に都合の良いように解釈して納得してしまいます。だからこそ、気を付けなければいけません。

会社の理想を語る際にも、同様の注意が必要です。

選考過程において、会社のビジョンや、会社が何を目指しているのか、ていねいに説明すべきです。

しかし、会社のビジョンや各部署のミッションにしても、これから達成に向けて取り組むものです。現時点では、未達成の「理想」にすぎません。

現状で、どのくらい道半ばなのかも合わせて伝えるべきです。

「うちの会社は残業ゼロを目指している」と伝えるだけではなく、「現時点では、月にこのくらいの時間、残業の実態がある」ということも加えるのです。

目指している理想と現実が違うのは当たり前です。

しかし、「残業ゼロを目指している」とだけ伝えると、「残業ゼロを目指している＝残業はない」と独り合点してしまう応募者が少なくありません。

このような誤解を避けるためにも、はじめから会社の現実をきっちりと開示したほうがよいのです。

入社前後のギャップを潰すと、社員の離職率は確実に下がります。

【ポイント7】職場体験で納得してもらう

会社説明会、面接を通して、応募者のスクリーニングができていると思います。このあとは、「職場体験」を実施することで、働くイメージを持ってもらいます。会社の事業や配属部署によって、職場体験の内容はさまざまでしょう。ここでは、私の会社のデイサービス部門の例でお話しします。

デイサービス部門の職場体験は、配属予定の店舗で、2~3時間、現場の見学とちょっとした仕事の体験をしてもらいます。

職場体験のいちばんの目的は、入社後のギャップをなくすためです。

応募者に現場の雰囲気や仕事内容、同僚や利用者とのコミュニケーションなど「職場のリアル」を感じてもらい、その職場で仕事をするイメージを持ってもらい、また、現場のスタッフに自由に質問をしてもらいます。

会社説明会や面接では聞けなかったことを、現場で働く人に直接聞ける機会を設けるのです。

現場のスタッフに対しては、利用者の個人情報を開示しないこと、危険が伴う業務を体験させないこと、応募者からの質問には、会社の機密事項に触れるもの以外は率直に答えるように、と指示を出しています。

職場体験には、応募者の立ち振る舞い、行動を見るという側面もあります。仕事ぶりのチェックではなく、あくまで常識的な行動や、返事や日常の挨拶《あいさつ》ができる人かどうかを見ています。

私たちの仕事は、人の身体に触れる仕事です。たとえば喫煙者の場合、何も対策せずに、タバコの臭いを漂わせて職場に来るような想像力に欠けた人は、採用を見送ることもあります。

応募者が職場体験を終えると、現場の管理者（責任者）に採用の可否の意見を聞きます。合格であれば、メールで内定を通知するという流れです。

採用するか不採用にするか、最終的な判断は役員が下しますが、現場の管理者が見送るべきとの判断をした場合、採用することはほぼありません。

採用において、管理者にも少なからず責任を担ってもらうのです。

そうすると、管理者が応募者や新入社員に対して真剣に向き合うようになります。それが社員の定着にもつながっていくのです。

【ポイント8】社員との契約や約束を守ることは大前提

今の新入社員は、「契約と違う」「聞いていたのと違う」ことに対してたいへん敏感です。

私が新入社員だった15年ほど前とは、だいぶ様相が異なります。

「契約と違う」「聞いていたのと違う」ことが、彼ら彼女らのモチベーションを大きく下げるきっかけとなり、離職につながっていると思います。

今は、何かあれば、自分で労働基準法を調べたり、労働基準監督署に相談したりすることも常識です。

会社や上司の「これが当たり前だよ」という言葉を鵜呑《うの》みにせず、「この会社、なんかおかしい」と自分で調べて判断し、辞めていきます。

私は新入社員の頃、上司が「世の中こういうものだ」と言えば、「へぇー、そういうものなんだ」と疑いませんでした。それを考えると、「今は随分としっかりした人が増えてきたなぁ」と思います。

こういう人が増えると、世の中のブラック企業も減っていくことでしょう。

これは裏を返すと、「想定外の状況での精神的な耐性が弱い」とも言えます。

もちろん、法律違反や契約違反をがまんする必要はまったくありません。

しかし、どんな会社でも入社後、「想像よりも大変だ」「こんな辛《つら》いことが待ってい

ると は思っていなかった」ということが必ずあります。

新入社員がそうした困難に直面したときには、「踏ん張れ、頑張って乗り越えろ」と経営者や上司は言うべきです。

よけいな気をつかわずに、当たり前のことを堂々と言える職場環境にするためにも、会社と新入社員との契約や約束は、労使双方ともに、十分に理解しておくべきです。

私の会社では、応募者への内定通知に、給与や勤務条件など雇用契約書のもとになる条件を書き加え、受諾の返信を求めています。

【ポイント9】経営者と社員は契約関係だと自覚する

会社の労使関係、経営者（取締役）と社員の関係は多様です。

社長と社員が友人同士の関係や師弟関係、サークル仲間のような会社もあり、さまざまです。

社員は、社内での刺激や人との関わりの中で、やる気になったり、頑張ったりします。経営者が社内の人間関係や風通しに気を配るのは大切なことです。

一方、労使関係は、どこまでいっても契約によってのみ成立する関係です。その意味で対立構造にあることを忘れてはいけません。

経営者と社員が、公私共に仲の良い、友人のような関係だったとしても、契約で取り決めていないことを強いる理由にはなりません。

経営者が社員との良好な人間関係に甘え、雇用契約や法律の違反をしてはいけないのです。

社員は経営者のことを尊敬していたり、恩を感じたりしています。仕事上、多少の無理は嫌な顔をせず引き受けるかもしれません。

しかし、これが当たり前になると、どこかのタイミングで必ず揉《も》めることになります。

人間関係は会社の成長とともに変わります。人の心は移ろうものです。いつまでも、「こいつだけは付いて来てくれる」と思い込んでいると、必ず痛い目に遭います。

多少の無理の積み重ねが、会社の存続を脅かす致命的な事態に発展することもあるでしょう。

「信頼していた社員に訴訟を起こされ、裁判で負けた」というケースを耳にしたことはないでしょうか？

幸い私の会社では起きていませんが、この先、長く会社を経営していると、いずれ私も経験するかもしれません。

争い事をゼロにはできません。どれだけきっちりと対策を講じていても、起きるときには、起きるでしょう。

大切なのは、いざというときは、会社も闘う必要があるということです。そのときが必ず訪れることを想定しておきましょう。

社員とは、全力で良好な関係を築く努力をしつつ、いざというときには困らないように対策しておくことです。

図４　経営者と社員の関係

どれだけ親しい関係であっても、経営者と社員は労使関係です（図４）。

雇用契約によって労働条件を明確にし、合意する。そして双方が守る。

これこそがお互いをプロフェッショナルとしてリスペクトし合う、正しい経営者と社員との関係ではないでしょうか。

もし契約に定めのないことで不都合が生じたら、そのつど、労使双方で協議し、新たに取り決めればよいのです。

経営理念で採用・定着は変わる

会社に「経営理念」は必要だと思いますか。

「そんなものは不要だ」という人もいるでしょう。私もどちらかというと、そう思ってきましたが、考えを改めました。

私の会社で求人募集をすると、エントリーシートの志望動機の欄に、「理念が気に入ったから」と書いてくれる応募者が多いのです。

世の中、会社の経営理念に価値を見出す人はたくさんいます。

高度経済成長期のように働く理由が明確だった時代は去りました。自分は何のために仕事をするのか理由が必要で、その拠《よ》り所を求めているのかもしれません。

経営理念をつくる上で、言葉の意味について定義し、社内で共通認識を持つことが大切です。なぜなら、理念やビジョン、社是、クレド、ミッションなど、同じような意味の言葉が多すぎるからです。

私の会社の場合、経営理念とビジョンを次のように定義しています。

経営理念　「100年変わらない会社の目的と価値観」
ビジョン　「理念に基づく、5年後や10年後に目指す会社としての姿」

会社説明会、面接、研修、経営方針発表会などの社内行事で、私は毎回、経営理念とビジョンについて話すことにしています。

さらに私の会社では、ビジョン達成のための野心的な目標として「ミッション」を設定しています。

経営理念やビジョン、ミッションをつくる際は、経営者一人で考えるのもよいのですが、他の役員に相談したり、コンサルタントに依頼し、協力したりしてもらうのもよいでしょう。予算や会社の規模に合わせて作成するとよいと思います。

【第2章】まとめ

対等な労使関係は
双方が契約を重んじて実現する

第3章

社員の離職を防ぐ社内体制の整備

法令は遵守することが大前提

採用の次は社員の「定着」について考えていきたいと思います。

採用がうまくいっても、定着に問題があると、いつまで経っても、「人手不足」は解決できません。

選考過程（会社説明会→面接→職場体験→内定通知）で、入社前後のギャップを潰せる仕組みをつくると、社員の定着率は上がってきます。

そもそも入ったばかりの会社をすぐに辞めるのは、職場で「法律・契約・約束」が守られていない、または軽視されていることによるモチベーション・ダウンが主な原因だというのはこれまでにお伝えした通りです。

本章では、職場で守られるべき「法律・契約・約束」のうち、「法律」と「契約」をテーマに、社内体制の整備について説明します。

これらが整備されていないと、入社後、社員のモチベーション・ダウンの原因となり、早期離職につながります。

会社を経営する上で、日常的に留意しているのは「法律」です。

私の会社は医療・介護分野ですから、介護保険法や健康保険法にもとづいて事業を運営しています。

守らなければいけない法律は、業種によってさまざまです。なにより、社員を雇用するすべての企業は、労働基準法をはじめとする労働関係法令を遵守しなくてはいけません。

違反をした際、「知らなかったので、今後、気を付けます」などの言い訳は通用しないのです。

会社の事業が順調でも、たった一つの違法行為で経営危機に陥ることもあります。

普段から、どれだけ法令遵守を意識して事業運営ができるか、そうした体制を社内に整備できるかは、会社の長期的な成長にとってたいへん重要な課題です。

打ち明けると、会社員だった頃の私は、法務部の必要性さえいま一つ理解していませんでした。

契約書や覚書の締結にあたって、そのつど必要な法務部のリーガルチェックを「面倒くさいな」程度に思っていました。

会社を経営していると、経済的な利益を優先するあまり、気が付かないうちに法律に違反してしまうことがあります。そうしたことを防ぎ、会社を守るのが法務部の役割です。

小さな会社は、独立した部署として社内に法務部をつくれないかもしれません。しかし、会社の事業や部署が法令を遵守できているか、常時、モニタリングする仕組みは社内につくるべきです。法令を遵守することが、職場定着の大前提です。

労働基準法は、労働者の権利や利益を守ることを目的に作られています。社員にとっても身近な法律です。

労働基準法など労務管理に関する法令は、たびたび法改正があったり、新制度ができたりするので、とくに注意する必要があります。

経営者は社員ではなく、労働関係法令が適用されない立場です。そのため、意外にもこの分野に疎かったりします。それが原因で、労使間で揉めたり、社員が離職したりすると、いつまでも経っても職場定着は実現しません。

社労士と顧問契約を結び、定期的に会社の労務管理に問題がないかをチェックしてもらいましょう。

法改正や新制度の際には、社労士に、どのように就業規則に反映させるか、助言をしてもらえばよいのです。

事業主こそ労働基準監督署を活用すべき

会社の労働法違反は、労働基準監督署が監督・指導しています。

労働基準監督署は、社員が相談したり、通報したりする窓口のようなイメージがありますが、中小企業の事業主に対しても、法令に関する知識や労務管理体制の相談や支援を行っています。

頻繁に問い合わせても、無料でていねいに教えてくれるので、経営者は社労士の助言と合わせて、労働基準監督署をおおいに活用するべきです。

たとえば、私の会社の場合、デイサービスや訪問看護ステーションなどの事業所の責任者を、労働基準法第41条に規定される「管理監督者」としています。

管理監督者は「監督若しくは管理の地位にある者」（労基法41条2号）と定義され、

労働基準法での労働時間・休憩・休日に関する規定が適用されません。

この制度は、「監督若しくは管理の地位にある者」の解釈が重要で、誤った運用をしてしまうと、「実態」として管理監督者とは認められないことがあります

管理監督者の解釈をめぐる裁判は日本マクドナルドのケース（東京地裁平成20年1月28日判決）がよく知られています。

「管理職だから残業代を払わなくてよいはずだ」と安易に考えるのは避けるべきです。**常に実態判定であること**を忘れてはいけません。

私の会社では、「管理監督者」を置く際、厚生労働省による行政解釈にもとづいて「管理監督者規定」を作成し、その内容を労働基準監督署にチェックしてもらいました。

また、２０２１年４月に「同一労働同一賃金」について法改正がありました。パートと正社員とで、不合理な賃金及び待遇差を設けてはいけないとするものです。

私の会社では、正社員のみ転勤があり、固定の残業代をつけています。

正社員の月給をそのまま時給換算してパートの時給にすると、パートのほうが正社員より条件が良くなってしまいます。これでは、正社員よりもパートを優遇しているように映ります。

ですから、「同一労働同一賃金」の点で問題がないか、労働基準監督署に確認した上で、パートの時給を決めました。

このように、労働基準監督署を活用することで、法務部がない中小企業でも「法律」を遵守できる体制は十分に整備できます。

雇用契約には口頭で合意した条件も明記する

会社が社員一人ひとりと、どのような労働条件で合意しているのかを示すものが雇用契約書です。

雇用契約書には、明記すべき事項が決まっています。

しかし、それだけではなく、選考過程において応募者と口頭で合意した特別な条件も明記しておくことをお勧めします。


私の会社の場合、事業所は沖縄県全域に点在しており、社員は原則、自宅から10km圏内の事業所へ配属しています。

まれに、自宅から10kmを超える事業所で勤務してもらいたい場合があります。その際は、高速代の支給や通勤費の割増支給を提案することがあります。

また、採用したい人が、週に1日だけ所定労働時間よりも早く退勤する必要がある場合も、例外的に認めることがあります。

このような社員と個別に取り決めた条件を、雇用契約書に記載しておくと、社員本人も安心ですし、上司が替わっても、よけいなトラブルを避けることができます。

雇用契約書による労働条件の書面による通知が義務付けられているのは、雇い入れ時のみです。

しかし、昇給など給与の改定の際も、そのつど、「労働条件変更通知書」を交付すると、のちのち、「言った、言わない」の揉め事にはなりません。

大事なのは、労使間で合意した労働条件を双方が遵守することです。

会社が遵守している限り、雇用契約を軽視する社員には堂々と注意すべきです。

たとえば、私の会社では、有給休暇のない社員が私用で欠勤した場合、「契約違反」に該当する旨を伝え、欠勤が多い社員には厳しく注意しています。

法律と契約の遵守で「経営者の負い目」を排除する

法律や契約を遵守する体制を整備することは、経営者にとっても大きな意味があります。

法律や契約が遵守できていると、経営者は社員に対して言うべき正論を、気を遣わずに堂々と言えるようになります。社員に対する負い目がなくなるからです。

いい加減な仕事をする社員には、「きちんとやれ」と言う。約束を守らなかった社員に、「二度とするな」と怒る。目標達成に向けて「頑張れ」と発破をかける。これが健全な職場の姿だと思います。

「そんなことは法律や契約とは関係ない」と思われるかもしれません。

しかし、私にはどうも胸の奥に何かが引っ掛かっている感じがします。会社が法律や契約を守っていないと、気持ちよく叱咤激励《しったげきれい》できないはずです。

もちろん、そうしたことは棚に上げて叱らないといけない状況もあります。

しかし、会社が雇用契約を守っていないのに、「私用での欠勤は契約違反ですよ」とは言いにくいと思うのです。

最悪なのは、仕事でミスをした社員に対して、「ここで叱ると退職するかもしれない、労働基準監督署に駆け込まれたらどうしよう」などと躊躇《ちゅうちょ》することです。

これは、会社として明らかに不健全な状態です。

法律と契約を遵守できる体制を整備するのは、社員が職場に定着することとともに、**経営者が自信をもって仕事を続けるため**でもあるのです。

社内体制の整備には企業規模の追求が必要

「法律」と「契約」を遵守する社内体制を整備するためには、ある程度まで会社の規模を追求する必要があります。

私の会社のような医療・介護などのサービス業では、社員数100人程度の規模になって、ようやく法律や契約を遵守できる社内体制をつくれるように思います。社員が数人から十数人の小さな会社だと、そういった仕組みを社内に作るのは容易ではありません。

たとえば、デイサービスの場合、スタッフが当日になって急に休むと、代わりに他の誰かが現場に入らないと利用者の送迎ができなくなります。

医療、介護、福祉、保育などの事業は、「職員の配置基準」が法令で定められていて、代わりの者を配置しないと、法令違反になるのです。

このような場合、小さな規模の会社だと、急場に対応する代替要員がいません。休んでいたスタッフに無理を言って出勤してもらったり、社長自ら現場に出たりする必要があります。

そのような状況では、日々の労務管理もずさんになりがちで、社員との雇用契約の遵守もできません。

これは飲食店などにも共通します。家族経営ならそれでもよいのでしょう。しかし、社員を雇用して事業を展開する以上、企業規模を追求し、会社を大きくすることは、好むと好まざるとにかかわらず、すべての経営者にとっての使命ではないでしょうか。

法律の改正に常に適応する

社内体制の整備は一度行えば、それで終わりではありません。

法律は頻繁に改正されたり、新設されたりするので、会社も常に適応していく必要があります。

たとえば、２０２２年10月に、「育児・介護休業法」の改正がありました。

親である男性は、子の出生後８週間以内に４週間までの育児休業の取得が可能になりました。いわゆる男性版の産休制度です。

法律が施行されれば労働者の権利となります。いつ申請があっても対応できるように社内体制を事前に整備しておかねばなりません。

今の時代、社員やスタッフは、自分に関係のある法律や制度をよく知っています。会社がこのような制度改正に疎いと、男性からの突然の育休申請に慌《あわ》てることになります。

正直なところ、「今の会社（部署）の状況で、責任者のあなたが育休を取ったら、職場は回らないでしょ」と思う経営者や上司も多いでしょう。

しかし、いくらそう思っても、法律なので認めるしかありません。責めるべきは社員やスタッフではなく、法律を遵守することができない脆弱な社内体制にあります。

顧問の社労士から情報と協力を得て、制度改正に対する準備をしておくことが大切です。

現実として、社員数人の零細企業では、自由に育休が取りづらいと思います。この点からも、とくにサービス業は、ある程度まで企業規模を拡大することを目指すべきです。

会社にはバックオフィス部門が必要

現在、私の会社の社員数は約２００人（２０２４年４月時点）です。

私が社内体制の整備の重要性に気が付いたのは、社員が１００人ほどになり、困ったことが起き始めてからでした。


忙しい業務に追われ、雇用契約書や労使協定書などの整理やファイリングが後回しになりました。

また、内定通知が遅れたり、雇用契約書へのサインが漏れていたり、日々の労務管理もアバウトだったり、さまざまな問題が頻出《ひんしゅつ》したのです。

入社したばかりの社員が退職するという事態も起きました。

このような痛い目をみて、ようやく私は、バックオフィス部門として総務部をつくり、労務、経理、法務を担う体制を整えたのです。


それまで私は営業職しか経験がなく、正直、バックオフィス部門がどんな仕事をしているのか、わかっていませんでした。

労務一つとっても、入社時は、雇用保険への加入や、住民税特別徴収への切り替え・異動、退職時は、社会保険喪失届、離職票の発行といった手続きなど、多くの電子申請や届出が必要です。

私のような営業職出身の社長は、売上に直結しない部門を軽視しがちです。社内のトラブル処理に追われる経験をして、はじめて重要性がわかりました。

会社が成長するためには、盤石なバックオフィス部門が必要です。

優秀なバックオフィスのチームが存在してこそ、営業職は自らのパフォーマンスを発揮できます。

もし会社が創業期であれば、バックオフィス業務を専属で担う社員を1人入れるのがよいと思います。

創業時の仲間意識は必ず変化する

創業時は、社長も社員も同じ現場で仕事をする「同志」です。毎日顔を合わせて同じ課題を共有し、一緒に悩んで成功体験を共にする。そこには、創業時特有の仲間意識が存在します。

自分の隣で誰よりも頑張っている社長の姿を毎日目にし、自分が休んだときには社長がフォローに入ってくれます。

社員の誕生日を覚えてくれて、お祝いまでしてくれるかもしれません。

社長と社員が良好な関係でいる限り、会議が夜に及ぼうが、休日に勉強会をやろうが、それほど問題になることはないでしょう。

常に時間を共有している社長と創業時のメンバーは、会議と雑談の境目すらあいまいだったりします。時間を忘れて会議に熱中することもあるでしょう。社長は同じ価値観を持った仲間と仕事をする幸せを実感し、起業してよかったと思うことでしょう。

しかし、断言できます。そんなことは一時的な現象です。

社長がいつまでも創業時と同じ感覚では会社は続きません。会社の成長のためには、社長がいつまでも社員と同じ仕事をしているわけにはいきません。

時が経てば、社員との距離も離れていきます。

創業時、毎日夜遅くまで一緒に仕事をした社員も、いつしか結婚したり、子どもができたりして、人生における優先順位が変わります。

どこかで、「なぜ勤務時間外に会議をするのですか？」「休日の勉強会は業務ですか？」と、当たり前の質問を突きつけられる瞬間がやってくるはずです。

今、私の会社には、創業時のメンバーは1人も残っていません。

気持ちよく送り出せた人もいますが、わだかまりを残して去っていった人もいます。私は一緒に無理をしてくれた創業メンバーに甘えていたのでしょう。お互い長くリスペクトし合える労使関係を早く作っていれば、創業当時のような仲間意識はなくとも、今でもその人らしく仕事を続けてくれていたと思います。

ブラック企業といわれる会社の経営者に共通するのは、経営者と社員の関係を誤解していることです。

経営者と社員の関係は、契約によってのみ成立する労使関係です。ということは、契約内容に労使双方で合意し、契約がきちんと履行されている限り、社員は辞めません。

社員が辞めるのは、社内で法律が守られなかったり、締結した雇用契約が履行されなかったりするときです。経営者はこの点に気を配るべきなのですが、それを難しくさせているのが創業時の経験ではないでしょうか。

創業時には、労使双方に創業時特有の仲間意識があります。契約よりも人間関係の

「貸し借り」に縛られてしまう面があります。

「目標を達成したから、社員がほしがっていたPCを買ってあげた」とか「個人的な悩みを解決してあげたから、仕事では少し無理をしてもらう」といったことです。

経営者がいつまでも創業時の感覚のままだと、「あんなに面倒見てやったのに、なんで?」「こいつのためを思って、おれは苦労しているのに」などとズレたことを言い出すようになります。

自覚がなければ反省のしようがありません。自覚しないままにブラック企業の経営者になっているのです。

「年変形労働制」とは?

社員との雇用契約の具体例として、私の会社で取り入れている勤務形態を紹介したいと思います。

その前に、正社員や契約社員、パート、派遣社員などが「雇用形態」であり、固定時間制や変形労働制、みなし労働時間制、育児短時間勤務制などが「勤務形態」です。言葉は似ているのですが、別のことを意味しています。

雇用形態も勤務形態も、会社や部門でそろえる必要はありません。それぞれの仕事の特性に応じて戦略的に考えて取り入れるとよいでしょう。

私の会社の場合、デイサービス部門である「リハビックス事業部」では、「年変形労働制」を採用しています。

年変形労働制とは、変形労働制の一種で、1年間の総労働時間が2085時間の範囲内に収まるように働く労働形態です。時期ごとに労働日数と労働時間を割り振り、年間のシフトを作成しています。

年間を通して、繁忙期と閑散期が顕著なスキー場などでも採用されています。閑散期には所定の労働時間を短く、繁忙期には長くすることで、年間の残業代コストを最適化できるメリットがあります。

リハビックス事業部の年間休日は１２３日です。土・日・祝日が固定で休み、年末年始は12月29日から1月３日が休業です。デイサービス事業で、土・日・祝日が休みで、年間休日も競合他社より多いので、採用の際の競争力となっています。

一方、事業所の営業日は、多い月は23日ですが、12月や2月といった少ない月は18日しかありません。それぞれの月の労働時間は40時間も差があります。

このように月によって労働時間に差があるため、経営者側は年変形労働制のメリットを得ることができます。

また、リハビックス事業部の勤務のシフトには、「基本シフト」と「会議シフト」

の2パターンあります。

通常の「基本シフト」は8時30分から18時まで、毎月第二金曜日だけは「会議シフト」で、8時30分から19時までを所定労働時間としています。

一日の労働時間は一般の会社より30分長いのですが、年間の労働時間は同じです。必要な会議を残業ではなく、所定労働時間内に行っているのは、年間を通すと大きなメリットがあるからです。


今の課題は終業時間です。子育て世代にとって、子どもを保育園に迎えに行く時間は重要です。

社員にとって終業時間が17時30分か、18時かで、大きな違いがあります。そのため、今後、週40時間制に変更することも考えています。

仕事や部署に合った勤務形態に変更する

私の会社の訪問看護ステーションの勤務形態も説明します。

デイサービス部門と違って、訪問看護ステーションは無休です。土・日・祝日を固定で休みとすることができません。

患者さんの体調はいつ急変するかわかりません。夜中でも駆け付けますし、ご自宅での看取りも行っています。

月曜から日曜まで、土・日・祝日にかかわらず、無休で営業をしています。

そのような事業の性質上、訪問看護ステーションでは、シフト制の勤務が一般的です。

しかし、職場の責任者にとって毎月のシフト組みをするのは大変な労力です。

責任者は、土・日に勤務するスタッフの確保に腐心します。スタッフの休みの希望日が重なると、無理を言って出勤をお願いしなくてはいけません。

ただでさえ人間関係の悪化が退職理由となる世の中で、この役回りはあまりにも酷というものです。

責任者にはシフト組みよりも、考えるべきことは山ほどあるのです。


このような事情を考慮し、クラセル事業部では、シフト制を採用していません。正社員の採用の段階で、土・日を休む一般的な「週休2日制」か、土・日に働き、平日の3日を休みとする「平日・週休3日制」か、どちらかを選んでもらっています。


「週休2日制」と「平日・週休3日制」のどちらでも自由に選択でき、給与や福利厚生面で差は設けていません。

クラセル事業部の看護師40人のうち3分の1は、「平日・週休3日制」の社員です。

その結果、「平日・週休3日制」で採用した看護師は、1年間で1人も離職せず、定着率100％が実現しました。

この「平日・週休3日制」の取り組みは、働きやすく社員が職場に定着する独自の試みとして地元紙『沖縄タイムス』に取り上げられ、Yahoo!ニュースにも記事として掲載されました。

仕事や部署にあった勤務形態に変更するのも、社員の職場定着に寄与します。

助成金を積極的に活用しよう

ここでは助成金の活用について紹介したいと思います。

新しい法律ができたり、法改正があったりするとき、国はその定着を目的にさまざまな助成金を用意しています。

国は親切に案内などしてくれませんので、普段から積極的に動いて、情報を取るようにしておきましょう。気が付いたら申請期間が終わっていたりするので、要注意です。

一例として、次のようなものがあります。

・両立支援助成金

仕事と家庭の両立支援に取り組む事業主のための助成金。出生時支援、育児休業、介護離職防止、不妊治療支援などのコースがあり、仕事と家庭を両立できる職場環境の普及を目的に設けられている。

・特定求職者雇用開発助成金

就職が困難と考えられる対象者を雇用した場合に、事業主に一定の条件下で支給される助成金。対象者は、65歳未満の高齢者、シングルマザー、身体・知的障害者

（精神障害、発達障害なども含む）、就職氷河期世代、生活保護受給者など多岐に渡る。

・職場定着支援助成金

雇用管理制度（評価・処遇制度、研修制度、健康づくり制度、メンター制度など）を導入して雇用管理改善を行い、事業主が人材の定着・確保を図る際に支給される助成金。健康診断のオプション（大腸検査や胃カメラ）を使うときにはオプション代以上の助成金が戻ることもある。

・地域雇用開発助成金（沖縄若年者雇用促進コース）

沖縄県限定の助成金。雇用した沖縄の若年求職者に支払った賃金に相当する額として1人につき年間120万円を上限に一部を助成してもらえる。

この助成金以外にも、雇用機会の少ない全国の過疎地などを対象とした、地域雇用開発助成金（地域雇用開発コース）もある。

ここに挙げたのは一部です。本書を手に取っていただく頃には終了しているものもあるかもしれません。

雇用・労働などに関係する厚生労働省管轄の助成金については、社労士に聞いてみるのもよいでしょう。

確実でおすすめなのは、直接、各都道府県の助成金窓口に行って、あなたの会社で活用できる助成金を教えてもらうことです。社内体制を整備するためにも、返済しなくてもよい助成金を活用するのが得策です。

コラム

未来を変える第一歩は今日から踏み出せる

ベンチャー・リンク時代の私は、営業系の部署に所属していました。

営業職というのはわかりやすくて、期待された成果を上げさえしていれば、誰からもうるさいことを言われることはありません。

逆に、成果を上げられないと、夜であろうが休日であろうが、上司からは進捗確認の電話が鳴ります。風邪を引いて休んだときは、文句を言われることはあっても、「お大事に」などと優しく言われたことはありませんでした。

そんなハードな環境でしたが、同僚は前向きにイキイキ仕事をしていましたし、私も毎日楽しく働いていました。

営業系の仕事の人たちは部署内で営業成績を競いますが、成績を上げるための準備に制限時間はありません。つまり、成果を出すためなら勤務時間外にどれだけ仕事をしても反則ではないわけです。

独身でとくに趣味もなかった私は、休日も仕事をしていました。同僚が勤務時間中に1〜2時間かけて作っていた営業資料を、私は休日に10時間ほどかけて作っていました。「時間を掛ければ、良い資料が作れるのか」というツッコミもありそうですが、作れるのです。良い資料はたった数時間ではできません。

当時、私は営業職として相応の成果は出していました。しかし、もし売上などの純粋な成果ではなく、生産性やタイムパフォーマンスで評価されていれば、成績は悪かったはずです。

会社に勤めて丸5年、この間の仕事の経験や成功体験をもとに、ベストライフを創業したのです。経験の少なさゆえに、いろいろと苦労しました。

私は人を雇用する立場になりましたが、そもそも労務管理の基礎的な知識がありませんでした。

勤務時間外に仕事や勉強をしてきた私が、社内の会議や勉強会を勤務時間中にやるわけがありません。そのようなものは、仕事が終わってからするものだと当時は思っていました。

そんな私に、創業時のメンバーが何とか付いてきてくれた（今思うと、それも怪しいのですが）のは、社長の私も毎日、他のメンバーと同じ現場で、同じ仕事をしていたからだと思っていました。

しかし、しだいに「休憩が取れなかったのですが」「会議時間の残業代は付かないのでしょうか」などと社員から突っ込まれることが増えてきたのです。

正直なところ、はじめは「会議に残業代が付くわけないだろう」と思っていたのですが、そんな経験から、少しずつ労務管理や法律について勉強するようになりました。

さまざまなことがわかってくるにつれ、やむを得ず社員に指示するときも、「勤務時間外にごめんね」と、思えるようになりました。自分の中にある種の負い目のようなものが生まれました。

経営者が言いたいことも言えない会社に未来はありません。私は自分の負い目を解消するために、社内の体制づくりを一つずつ整えてきたのです。

しかし、初めは何もできていませんでした。

読者の皆さんも、未来のために何かを変えたいならば、今日から一歩踏み出してください。必ず変われます。

【第3章】まとめ

法令遵守で「負い目」のない経営を続ける

第4章

社員が定着する職場のつくり方

「ちょっと検討しておくよ」と軽々しく言わない

社員の離職を防ぎたい中小企業にとって、「法律・契約・約束」を尊守する体制を整備することが、あらゆるモチベーション策に優先して重要であると話してきました。

本章では、社員が辞めない職場をつくるために、3つめとなる社員との「約束」を守ることについて、上司が気を付けるべきことを伝えます。

ここで説明する「約束」とは、契約のような、双方が明確に認識しているものではありません。日常の仕事の中で上司と部下との間で交わされる口約束だと思ってください。

部下からの相談に、その場で回答できないとき、上司が、「ちょっと検討しておくよ」と言うことがあると思います。

もちろん、緊急性の高い内容だったら、すぐに検討して答えるはずです。部下にとっては差し迫った相談でも、上司にしてはさほど緊急性も重要性も高くないということがあります。

そのような場合、**上司の「検討しておくよ」は、「検討するかもしれないが、今のところ考えるつもりはない」という意味**だったりします。

忙しい上司は、「検討しておくよ」と言ったことすらだいたい忘れています。

一方、部下はそうではありません。自分がした相談に対して、上司は「検討することを約束してくれた」という認識でいます。忘れるはずはありません。

普段、気軽に話せない上司への相談ほど、覚えているものです。

上司が部下との約束を軽視すると、社員のモチベーションは下がります。

それが続くと、いずれ部下は上司の話を真剣に聞かなくなり、上司の耳に入れるべき重要なことも、「まぁ、どうせ相談しても意味ないよね」と思うようになるでしょう。

上司にとっては忘れてしまうほどの軽い出来事が、その積み重ねによって部署の業績にダイレクトに響いてくるのです。そうした状況を想像すると、恐ろしくなりませんか？

忙しいからといって部下との約束を甘く見てはいけないのです。

部下からの相談はあいまいにしない

では、どうすればよいのでしょうか？

それは簡単です。「検討する」と言ったことに対して、きちんと回答すればよいのです。

必ずしも部下が期待する答えを用意する必要はありません。検討する必要がないと思えば、「かくかくしかじかの理由で検討しません」と言えばよいのです。

部下は気落ちするかもしれませんが、回答をもらえない、忘れられるよりはずっとマシです。

いつまでも上司がボールを持っているのはよくありません。部下にどんどんボールを返しましょう。

そうすると、上司と部下の間で交わされる約束に重みが出て、「これだけは絶対に約束を守らせたい」という大事な場面では、部下は緊張感をもって上司の話を聞いてくれるでしょう。

部下からの相談や提案に対して、お茶を濁《にご》したような回答をしてはいけません。そのつもりもないのに「考えておく」と体《てい》の良い返事をする。そうした上司のあいまいな態度が、部下のモチベーションを下げるのです。

私の会社のマネージャーたちも、こうしたことが苦手な人が多いように感じます。

・どう判断すればよいのか、わからない。決められない。
・拒否すべき提案と思っても、断る勇気がない。
・明確な回答を期待されているという自覚がない。

おそらくこうした背景があると思います。

とくに管理職になったばかりだと、今まで部下の立場で仕事をしてきたのに、ある日、突然、上司になるわけなので戸惑うのも無理はありません。

上司になったからといって、常に正しくあろうと構えないことです。まずは、「部下から回答を期待される立場であること」「上司が言ったことを部下は覚えていること」そして、「部下からの相談をあいまいにせず、ボールをきっちりと返すこと」を心がけましょう。

問題を引き受けて約束し、宣言をする

上司はできない約束をするべきではありません。

一方で、まったくコミットしないという態度もよくありません。責任を負わないようにうまく立ち回る人がいますが、上司の立場として、そのような態度は何一つ良いことがありません。

上司はリスク回避をしている場合ではなく、それなりのリスクを取ってでも、やるべきことを考えて、約束するべきなのです。

問題の解決を人に任せて文句を言うのではなく、自分で引き受けて考える、そうした姿勢で仕事に向き合いましょう。

ソフトバンクグループの会長兼社長である孫正義さんは、かつて、自身のFacebookやX（旧ツイッター）で、寄せられた要望に対しての対応状況をまとめた、「やりましょうリスト」と「できましたリスト」の進捗状況を公開していました。こうした例を参考にするのもよいでしょう。

もちろん、すべての「やりましょう」が「できました」になるわけではありません。やってみたけれども、実現できなかったということもありうるでしょう。

それで周囲からがっかりされたり、非難されたりすることもあると思います。「こんなこと、やるなんて言わなければよかった」と宣言したことを後悔したこともあるかもしれません。

それでもなお、人やチームが成長するためには、孫さんのように、現場のトップ、上司やマネージャーが問題を引き受けて、部下と約束する。そして、それを果たしていくしかないのだと思います。

私がかつて勤めていたベンチャー・リンクでも同じようなことがありました。

会社の営業部門には、毎月、厳しい数値目標が与えられます。目標達成は絶対であり、私もヒーヒー言いながら頑張っていました。

そのような状況の中、私の同期の1人は、四半期末になると、

「私、○○は、今月中に○○を何件契約し、○○万円の売上を達成することを宣言します」

ということを、なんと全社メールで全従業員をccに入れて送っていました。

私は、このメールを開いたとき、彼はきっと目標の重圧でおかしくなってしまったか、上司に嫌がらせをされているのではないかと、冷ややかな目で見ていました。

当然、宣言通りにはいきません。未達成のたびに、「ほら見たことか」と思っていました。

わざわざ格好をつけて恥をかくくらいなら、初めからそんな宣言をすべきではなかったのではないか、と。

でも、本当にそうでしょうか。

彼は、その後メキメキと力を付け、ベンチャー・リンクを卒業して、先輩と共に会社を起業し、役員として大活躍することとなります。

当時、彼が進んで宣言したのか、上司に言わされたのかはわかりません。

しかし、少なくとも、自ら宣言し、周囲に約束したことは確かです。

それによって追い詰められても、くじけずに何とかしようと懸命にもがいたことで、人並み以上に成長したのだと思います。

約束を果たせなくても前向きな姿勢を示す

「部下は上司の背中を見て育つ」と言います。

先の孫正義さんや私の同期の話は、会社を率いる経営者やマネージャーが、部下にどのようにして背中を見せるかを教えてくれています。

ポイントは３つあります。

1　成長に必要な難題を設定する。
2　その難題をどうするか、宣言（引き受けて約束）をする。
3　約束を果たす。

そして、1から3のそれぞれに注意点があります。

まず、1で設定する難題は、本当の難題でなくてはいけません。とくに頑張らなくても達成できそうな難易度に設定しても意味がありません。人は大きな負荷が掛かった状況で成長するものです。

2では、上司が具体的に何を頑張るのか、部下と約束することになります。注目されますし、精神的に追い込まれますが、それでよいのです。

あえて約束をせずに、こっそり頑張ると言う人もいますが、ここは逃げずに約束してみてください。約束をすれば、あとは果たすだけです。

3で大事なことは、最終的に約束が果たせても、果たせなくても、その結果を部下と共有することです。そして、次にどうするか、また約束するのです。

上司がこうした前向きな姿勢で仕事をしている限り、どれだけ厳しいことを部下に言おうが、それで部下のモチベーションが下がることはありません。

部下からの相談や提案に対してきちんと回答する。そして、会社やチームがもっと成長するためにどんな挑戦が必要かを考える。

任せて指示するだけでなく、上司自らも役割を引き受けてチームと約束をする。そして、それを果たす。

そのような上司の背中を見て、部下は育っていくのだと考えます。

新人には座学で仕事の目的を教える

小さな会社では、新人の教育は、おおむね職場の先輩のもとで仕事をしながら覚える「ＯＪＴ（オン・ザ・ジョブ・トレーニング　On the Job Training）」でしょう。新人に「見て覚えてね」「わからないことがあれば聞いてね」と言うのはよくある話です。

現場トレーニングのＯＪＴそのものを悪く言うつもりはありません。必要なものだとは思います。

しかし、ＯＪＴだけでは仕事への目的を見出せず、新入社員のモチベーションが下がってしまう危険性があります。

ＯＪＴで覚えられるのは「作業」です。

仕事の目的は、作業をこなすうちに見えてくるかもしれません。

しかし、現場でのトレーニングだけでは、仕事の目的を理解するのに時間がかかってしまい、人によっては理解するまでの時間にバラつきが生じます。

新人には、「Ｏｆｆ－ＪＴ（オフ・ザ・ジョブ・トレーニング Off the Job Training)」として、座学によって仕事の目的を教えるべきです。

私の会社では、新人は配属先の現場で、1カ月間、揉まれてもらいます。業界経験者であっても、職場が違えば、やり方や考え方が違います。まずは、ＯＪＴにより現場に慣れてもらいます。

そして、入社1カ月後、今度は、座学形式の新入社員研修を4日間（合計13時間）かけて行っています。

つまり、最初に、現場で短期のＯＪＴを経験した上で、座学（Ｏｆｆ－ＪＴ）に進んでもらうわけです。1カ月でも現場を経験していると、リアリティを持って学ぶことができ、学習効率が上がります。

私はこのようなＯＪＴと座学の組み合わせが、実務作業と仕事の目的の両方を短期間で身に付ける上でベストだと考えます。

研修で使う教科書は常にバージョンアップする

座学研修では、会社で作成した教科書をベースに学習してもらいます。

私の会社では、健康保険制度や介護保険制度の理解から、対人援助職に求められる患者や利用者との関わり方などについて、広く学びます。

私たちが現場で提供する介護や看護、リハビリの根拠を理解できるようになることが、座学研修の狙いです。

ＯＪＴにより、形だけ業務を覚えてできるようになったとしても、その根拠がわかっていないと、インシデント（偶発事象）に対応できず事故につながります。
机に向かって、教科書で基本をちゃんと勉強することは、質の高いサービスを提供し続ける上で何よりも大事なことです。

そしてもう一つ大事なことは、座学研修で使う教科書の中身は、頻繁にアップデートすることです。

基本的な大枠は変わりませんが、やはり法改正もありますし、社員に教えるべき内容は変化していきます。

古くなった内容を、時間をかけて教え続けることほどムダなことはありません。
座学研修で使う教科書の中身は、新入社員にとって常にベストな状態を保っておくことが大切です。

これは結構大変なのですが、座学研修にはそれだけ手間暇をかける価値があるということです。

「感情的に叱るカード」は賢く切る

上司の立場で仕事をしていると、部下を叱らないといけないタイミングが必ずあります。

部下がきちんと仕事をしない、同じミスを何度も繰り返す……。そのようなときに、毎回決まったように、上司が感情的に叱るのはＮＧです。

すぐに感情的に怒ってしまう人は、自分の怒りを表明したり、ぶつけたりすること自体が目的になってしまっています。これだと、正当な理由で叱っていても、叱り方によっては部下の離職にもつながってしまいます。

最近では、「叱れない上司」が増えているようです。

就職・転職の相談サービスを手掛ける株式会社ライボの調査では、66・3％の上司が「部下を叱ったことがない」と回答しました。

部下を叱れないことを悩んでいる上司は、無理して叱ろうとするよりも、「しつこく言う」ということを心がけるのが良いと思います。

感情的にならずに、しつこく言い続ける。何百回、何千回と同じことを言い続けることを、覚悟するのです。

私もどちらかというと、そんなに感情的に叱ったりしないタイプだと思います。

私は月に10回ほど会社の会議に出席していますが、会議では、社長として大事だと思っていることを、毎回言うことにしています。

社員は、私のことを「いつも記憶がリセットされるかわいそうな人」と思っているかもしれません。

誰も、「それ、前に聞きました」とは言いませんが、むしろその言葉が出ると私は安心します。

人は、見たいものだけを見て、聞きたいことだけを聞くものです。経験上、私が社員に伝えたい話を10したとして、実際相手に伝わっているのはせいぜい3か4くらいだと思います。

先日、エリアマネージャーとの月に一度の会議がありました。参加するエリアマネージャーは2人で、どちらも社歴の長いとても優秀な人材です。

試しに彼らに「うちの会社の経営理念とビジョンは何ですか？」と質問してみたところ、ざっくりとした回答で、正確には答えられません。

毎年の経営方針発表会の冒頭で、私は必ず会社の理念について話をしています。この10年、毎年同じ話をしています。それにもかかわらず、社歴の長い社員でもよく覚えてはいませんでした。

私は、これからもしつこさをモットーにして、何千回でも言い続けようと決めています。

同じように、部下を叱る必要があるときは、感情的に叱ることよりも、伝えるべきことを真顔で、しつこく言い続けることです。

しかし、部下を叱るのに感情がまったく必要ないのかというと、そうではありません。

感情をしっかり込めて、叱るべき瞬間があるのです。

私の場合、それは、たとえば、明らかに社員が利用者や患者の方々に迷惑をかけてしまったときなどです。こういうときは、感情を出して叱ることにより、「社長は、こういったことは絶対に許さない人だ」と、社員に明確に理解させる必要があります。

こういうことを、優しい口調で言っていてはダメなのです。

会社にとって致命的なこと、絶対に譲れないことは、経営者や上司の個人的な感情に関係なく、必要性ゆえにきっちり叱ることが大切です。

だからこそ、「感情的に叱るカード」はここぞというときに切るべきなのです。常に怒っていたら、社員も慣れてしまって効果が半減してしまいます。

専門職には常に敬意を払うこと

世の中には、業種ごとに弁護士や税理士、ソムリエなどといった、さまざまな専門職が存在します。

世の会社の多くにも、特定の資格を持った「専門職」が在籍していると思います。介護業界で言えば、介護福祉士や社会福祉士、看護師、リハビリ職（理学療法士や作業療法士、言語聴覚士）などです。

彼らにモチベーションを高く維持して働いてもらうためには、経営者が、彼らの資格に対して敬意を払うことが大切です。

専門職の立場に立って考えてみてください。

彼らは高校を卒業して3年から6年、特定の分野を専門的に学び続けて資格を取得しています。

私のような、目的もやりたいこともなく、なんとなく大学に進学して遊び惚けていた者からすると考えられないことです。

社会人となって資格を取得した人も同様で、皆、時間もお金もかけて専門職となっているのです。

専門職の人は、仕事で自分の専門性を発揮したいと思っています。そのために苦労して資格を取得したのですから、自分の専門性に対して健全なプライドを持っています。

一方で、経営者が彼らの専門性を理解しようとしないために、離職を招くことがあります。

介護や医療、薬局、不動産などの各業界では、営業をするために必要な専門職の配置が義務づけられている業種が少なくありません。資格を持った人がいないと、事業所やお店を運営できないのです。

そうした事情から、経営者が、とにかく有資格者を採用できさえすればそれでよいという考えでは、専門職の離職を招き、いつまでも採用に苦しむことになります。

経営者が、専門職と専門的な話ができる必要はありません。その資格の専門性はどういうところにあって、職場でどのように発揮してもらいたいのかを、伝えられればよいのです。

よく「専門職はどうも扱いづらい」とこぼす経営者がいます。

その原因となっているのは、やはり、専門職への理解がない（専門性への興味がない）経営者と、専門性を発揮したい（興味を持ってほしい）専門職との考えのギャップによるものだと思います。

逆に、自分の資格に頓着《とんちゃく》がなく、むしろ専門性をあまり期待されたくないと思っている専門職のことを「扱いやすい」と〝評価〟する経営者がいます。おかしなことです。

しかし時には、専門職の側にも、会社のビジョンや目標には一切関心がなく、自分が理想とする仕事のみにこだわるやっかいな人もいるので、「扱いにくい」とこぼす経営者の気持ちも理解はできます。

経営者は、専門職が何のためにチームに存在するか、彼ら自身に理解させる必要があります。

会社やチームには達成すべき目標や目指すべき共通のビジョンがあります。その実現のために、専門性を発揮してほしいということをしっかりと彼らに伝えるべきでしょう。

コラム

介護職のやりがいとは？

私が社員に対して、いつも伝えていることは「利用者さんに、いかに『ありがとう』と言わせない関わりをするかが大切だ」ということです。

これは、株式会社楓《かえで》の風の小室貴之《こむろたかゆき》社長がお話しされていたことです。私はたいへん感銘を受け、以来、私の会社でも利用者と接する上での基本姿勢としています。

私たちの仕事で日々接する利用者は、要介護の認定を受けています。つまり、程度の差はあれ、日常生活のさまざまな場面で、人の手を借りなくては生活できない状況の人たちです。

イメージしてください。あなたがトイレに行って用を足すために、毎回、配偶者の手を借りなければいけないとしたら……。

脳梗塞や骨折などをきっかけに、突如として介護が必要になってしまったのに、お世話をしてもらうことに引け目を感じながら暮らしている人も多くいます。

介護の仕事は、こうした毎日の暮らしで引け目を感じている状態（つまり、ＱＯＬ＝生活の質が低下した状態）を脱するために必要な支援をすることです。

たとえば、デイサービスに通所してもらい、一人でトイレにいけるためのリハビリを提供することです。うまくいけば、トイレのたびに誰かの手を借りる必要がなくなり、毎日の暮らしで引け目を感じることもなくなるでしょう。

しかし、利用者の状態によっては、この先どう頑張っても一人でトイレに行けるようにならない方もいらっしゃいます。そうした方に対して、暮らしの質を上げるための支援は何もできないのでしょうか？

そんなことは決してありません。

今はトイレに行くのに人の手が必要な身体の状態でも、その人が担える役割を一緒に見出し、「出番作り」をする。生きがいとなること、たとえば、趣味の再開などを支援する――。

こうした支援を「社会参加のための支援」と呼びます。まさに、介護職がその専門性を発揮する場面です。

こうしたことから、私の会社では、利用者に「ありがとう」と言わせないような関わり方を実践しています。

利用者の中には、毎日、自宅で世話をしてくれる人に「いつも悪いなぁ」と申し訳なさを感じる人も多くいます。だからせめて、デイサービスに来たときには、その気持ちは忘れてもらいたいのです。だからそのためにも、職員に対して「ありがとう」と言わせてはいけないのです。

「ありがとう」と言い続けると、それがいつしか「いつもごめんね」と言うようになります。それが良い支援であるわけがありません。

ふだんの生活の中で、人から世話をされる立場である利用者は、「ありがとう」と言うことはあっても、誰かから「ありがとう」と言われることはほとんどありません。

私たちは、利用者が他の人から「ありがとう」と言われるような存在になるように支援をする必要があります。

「介護の仕事のやりがいは何ですか?」と聞かれて、「人から感謝される仕事です」と答える人がいます。まったくその通りです。答えたその人は、「人から感謝されることがいかに日々の活力になるか」を知っています。

しかし、それを一番必要としているのは、介護が必要となってしまった人たちです。利用者が、何か役割を担えるように支援することが重要なはずです。

介護は肉体労働というイメージがありますが、じつは頭を使わないとできない、とても難しい仕事なのです。

介護職の一人ひとり人がそうしたことにやりがいを見出し、現場で専門性を発揮する。そのような業界になれば、未来は明るいものになるでしょう。

【第4章】まとめ

自ら問題を引き受けて約束し、果たすこと

第5章

職場定着が実現する仕事のマインドセット

仕事への向き合い方を教える新入社員研修

第1章から第4章まで、人材の採用や定着に悩む会社が取り組むべきこととして、「法律・契約」を遵守する体制の整備、そして部下との「約束」を守る大切さをお伝えしてきました。

これらは、どちらかというと、当たり前のことでもあるので、マイナスをゼロにするという観点でした。

本章でお伝えするのは、私の会社の新人研修で教えている仕事のマインドセット（向き合い方）を例にした、一人ひとりの社員が力を発揮するための、プラスを積み上げる具体的な方法です。

すでにお伝えしたように、私の会社では、すべての新入社員に対して、入社1カ月後を目安に新人研修を実施しています。

研修は座学形式で、4日間で合計13時間（各日3時間15分／朝8時45分から12時まで）かけて行っています。2部構成です。

第1部は「ベストライフ・クオリティ」と名付けています。

会社の理念やビジョン、仕事への向き合い方としての「マインドセット11箇条」（161ページ）、ハウスルール、コミュニケーションなどについて、1日目の前半に、1時間45分（8時45分〜10時30分まで）で伝えています。

具体的な仕事というよりも、仕事をする上で必要な「正しい習慣」を教える内容となっています。

なかでもマインドセット11箇条は、日々の仕事への向き合い方について、シチュエーション別にまとめています。社内での「叱る、ほめる」の基準にもなっています。

第2部は、「在宅支援の質を上げる制度解釈と実践力UP講座」です。1日目の残りの時間と2日目から4日目まですべてを使い、合計11時間15分の研修となっています。

この講座は実践的な知識を頭に入れてもらうためのもので、私の会社の場合、健康保険や介護保険の制度の理解や変遷について、制度が何を目的としているかについて細かく学びます。

また、「バイスティックスの7原則*」にもとづき、対人援助職の仕事で必要となる専門的なコミュニケーション技術についても教えています。

＊「バイスティックスの7原則」：社会福祉学者のバイスティック博士が提唱した、対人援助技術の基本原則。①個別化の原則　②意図的な感情表現の原則　③統制された情緒的関与　④受容　⑤非審判的態度　⑥クライエントの自己決定　⑦秘密保持　がある。

第2部の研修は、子会社の株式会社ＢＬトレーニング・カンパニーが担当し、私の会社の社員だけでなく、デイサービスなどに勤める他社の社員の参加も受け付けています。この4日間の座学研修では、相当量の知識を詰め込んでもらうことになります。そして、新入社員が学んだことを本当に理解し、自分のものにできるかどうかは、現場の管理職しだいです。

現場の管理職が、会社が研修で教えていることを普段から大事にしていないと、この4日間の研修は、まったく無意味なものになるのです。

私の会社に限らず、世の中の研修では、「会社の目指すべき姿」や「理想的な仕事の仕方」について教えています。受講した人は、学んだ内容に共鳴し、現場で頑張ろうと意欲に満ちているものです。

ありがちなのは、現場の先輩社員が、「そんなのは理想で、現実では無理だよ」という態度によって新人の志《こころざし》を折ることです。そのような態度は最悪です。

研修で教える理想と現実とでは、必ずギャップがあります。

しかし、理想に向かって頑張っている姿勢が現場になければ、新入社員のやる気は一瞬でなくなってしまいます。これが、いちばん注意しなければいけないことです。

私は管理職に、「目を輝かせて理想に燃える新入社員に、水を差すようなことを絶対に言うな」と言っています。

研修で学んだことは、現場でもしつこく指摘されることが大事です。

研修で学んだことが現場でもできていればほめられるし、できていなければ注意を受ける。

この繰り返しによって、少しずつ学びが自分のものとなっていくのです。

研修が無意味なものとなる原因は、研修が終わったらそのことについて、しつこく言われることがなくなるからです。

マインドセットは「ほめる基準」「叱る基準」になる

研修でマインドセットを教えるのは、これから同じ会社で共に仕事をする同僚として、普段から共通の考え方と価値基準をもって仕事をしてもらうためです。

私は、前職のベンチャー・リンクでのわずか5年の社会人経験をベースに、介護の仕事に取り組んだのですが、業界も立場も違うため、いろいろな失敗を重ねてきたわけです。

現場での経験や失敗にもとづき、どのようなマインドや姿勢で仕事と向き合うべきなのか、私は常に考えてきました。

経営者として、「こういう考え方の人と働きたい」という気持ちを込めて明文化したのが、社内の座学研修の第1部で使っている「マインドセット11箇条」です。

経営者として、「こういう人と働きたい」という想いがあれば、明文化し、社員に伝えることをお勧めします。それがそのまま会社での「褒める（られる）基準・叱る（られる）基準」となるからです。

最初の段階でこの基準を伝えておくことで、「マインドセット」から外れた行動をした人を、「マインドセットを忘れているでしょ」と叱る理由にでき、便利です。

ほめるときでも、「マインドセットに則した言動が取れている」ということで、基準を持ってほめることもできるのです。

仕事で成果を出すための

マインドセット11箇条

1 仕事の目的を忘れない（162ページ）

2 チームの決定事項には全力で臨む（165ページ）

3 納期を守る（168ページ）

4 相手の「期待水準」を確認して仕事をする（170ページ）

5 「あいまいワード」の使用を避ける（172ページ）

6 自分なりの仮説を立てて相談する（175ページ）

7 情報は自分が動いて取りに行く（178ページ）

8 価値観の合わない人には共感せずに「理解」する（181ページ）

9 職場の信頼関係は「仕事ぶり」でのみ構築される（185ページ）

10 謝罪よりも「自分にできること」を考えて引き受ける（187ページ）

11 大切なのは顧客満足度よりも「顧客の成功」（190ページ）

【マインドセット1】仕事の目的を忘れない

1つめのマインドセットは、「仕事の目的を忘れない」です。

「介護の仕事はルーティンワークが多い」と、創業時、私は現場で仕事をして感じました。

デイサービスでいえば、1週間（月〜金）のうち、どの曜日に、どの利用者が通所されるか決まっています。送迎ルートも決まっていて、順番に送り迎えをします。

事業所内でも同じ手順で、バイタルチェックをし、次に運動をしてもらって……と、おおよその一日の流れが決まっているのです。

はじめは、一つひとつの仕事の意味や目的を考えて仕事をしますが、慣れてくるとどうしても流れ作業になりがちです。

加えて、介護の現場は人手不足で忙しいので、「とにかく安全に事故なく一日を終えることと自体が仕事の目的」になりがちなのです。

ルーティンワーク化しやすい仕事ほど、一つひとつの仕事の目的を忘れてはいけません。

人手が足りない職場では、常に業務効率の向上が課題となるはずです。そのためにさまざまなことをシステム化したり、ＡＩの活用を検討したりすることもあると思います。

そもそも、仕事の目的を理解せずに、仕事の効率化などできるわけがありません。

社内に新しいシステムを導入したのに、現場での運用がうまくいかなかったケースを耳にします。その部署の社員のＩＴリテラシーの不足が失敗の原因だと、やり玉に挙げられるかもしれません。

しかし、多くのケースでは、失敗の原因は、仕事の目的を理解していないことにあるのではないかと思います。

仕事の目的を理解していない人は、指示されたことをこなせても、「こうしたほうがもっと良くなりませんか？」という建設的な意見を出すことができません。

指示通りにこなす仕事は、新たなシステムに代替されていきます。

目的を理解し、自らの意思を持って仕事に取り組むことが、真に必要な時代になっているのです。


〈指導のポイント〉

新入社員に仕事を教えるときには、たとえば「この資料はどういう目的で作成されているのか」ということを最初に理解してもらいましょう。

仕事の流れや事務処理の手順だけを伝えてしまうと、作業としてできるようになっても、自分で考えて仕事をすることがなくなります。そうなると、トラブルや危険が起こった際に対応できずに困ることになるからです。

【マインドセット2】チームの決定事項には全力で臨む

仕事の多くはチームで行うものです。介護も医療もまた然《しか》りです。

チームで仕事をするとき、たとえば、5人のチームだとすると、3対2で意見が割れることがあると思います。

そのようなときは、チームの方向性を決定権者（リーダー）が決定します。

リーダーの決定と反対の意見を主張していた人は、チームの決定に従うことに抵抗を感じるかもしれません。

自分がやりたくないことをやらされる。その気持ちはわかります。

しかし、不本意だからと言って、いつまでもそれを引きずってやる気のない態度でいる人が1人でもいると、チームで目標を達成することができないのです。

チームの決定に従うことは、スポーツでも、政治の世界でも、組織に所属する以上は共通の原則です。

監督の指示を無視すればスタメンから外されますし、政党の方針に背けば離党を迫られます。組織とはそういうものなのです。

決定権者が決定すれば、あとは全力で臨《のぞ》むしかありません。従うふりをしながら手を抜く人もいますが、全力を出す必要があります。

そのためには、決定権者は、目的達成のための合理的な決定を常に心がけるべきです。

一方、チームメンバーは、決定権者の決定が自分にとって都合が良いときだけしか全力を出さないということは、よくありません。

自分にとって都合がよくなくても、嫌な顔をしたり、手を抜いたりしないことです。そんなふうに振る舞っていると、いつしか決定権者は目的達成のために決定するのではなく、賛成してくれる人が1人でも多くなるような決定をするようになってしまいます。

そんなチームが競合相手に勝てるわけがありません。

決定権者が決定するまでは、全メンバーは自分の言いたいことを主張すべきです。確固たる考えがあるのならば、周りのメンバーの同意を得るように工夫したり、一生懸命に決定権者を説得したりしましょう。

この際、決定権者は、賛成派と反対派で議論する場を設けるとよいと思います。決定権者だからといって、常に正しい決定ができるわけではありません。意思決定の精度を少しでも上げる上で、このプロセスが重要になります。

そうして決定したことが、のちの「正解」となるように、一人ひとりが全力で取り組みましょう。

〈指導のポイント〉
マネージャー層は、「何が決定事項か」を全員に対して必ず明確にしましょう。
あれこれと議論はしたものの、「で、結局どうするの?」という部分が明確になっていないと仕事が前に進みません。

会議では、「これは決定で良いですね?」と一つひとつ全員に確認するようにしましょう。

【マインドセット3】納期を守る

世の中に「納期」のない仕事はありません。

「納期は〇〇日までですよ」と毎回言ってくれればよいのですが、基本的に、上司は雑に仕事を振るものです。

本当は週末までに必要なのに、「これやっておいて」と納期を言われずに仕事を振られることがあります。

納期を言われなかったから、いつまででもよいのかというと、絶対にそんなことはありません。

突然、「頼んだあの仕事、いつになったらできるの？」と問い詰められるでしょう。

そのために、納期は仕事を頼まれた側が確認するようにしましょう。納期が決まれば、あとはそれを守って仕事を進めるだけです。

仕事を受けた時点で、納期に間に合わせることが難しければ、納期を擦《す》り合わせることが大事です。

〈指導のポイント〉

部下に指示した仕事の納期は、自分のスケジュール（スマホのカレンダーアプリなど）に全部入れておきましょう。上司は、常に複数の人に複数の仕事を任せているはずです。誰に何をいつまでに頼んでいるのかを忘れないようにしておかないと、部下の納期遅れに気付くことができないからです。

【マインドセット4】相手の「期待水準」を確認して仕事をする

マインドセット3につながってきますが、仕事を受ける際、納期とセットで確認しておく必要があるのが相手の「期待水準」です。

仕事を振る上司とそれを受ける部下、それぞれの頭の中で描かれた仕事の完成図は、必ずと言ってよいほどズレています。

上司が「レポートを提出してください」と頼み、「わかりました」と部下が返事をしたケースを想定してください。

「レポートを提出して」と言っても、上司は、ワードで作成されたレポートをプリントし、ファイリングしたものを提出してくれると期待しているかもしれません。

一方、部下は、「レポート用紙に手書きで書いたものをそのまま出せばよい」と思っているかもしれません。

このように、仕事を振る側と受ける側とでは、頭で描く完成イメージが異なっています。部下が上司から仕事を受けるときには、上司が期待する完成イメージ（期待水準）を確認しておきましょう。

やはり、上司は雑に仕事を振ります。その前提で、納期と期待水準を確認して仕事に取り組むことで、仕事に取りかかってから、上司とよけいなやりとりをせずにすみます。

〈指導のポイント〉

部下に期待水準を確認させることは大事なのですが、上司もこれから頼む仕事の期待事項をわかりやすく伝える努力をしましょう。期待水準は、部下がそれを確認すれば良し、ということではありません。

大事なことは、上司と部下の頭の中で描く「仕上がりイメージ」を一致させた状態で仕事に取り組んでもらうことです。

【マインドセット5】「あいまいワード」の使用を避ける

「あいまいワード」とは、「意識します」「徹底します」「注意します」「頑張ります」など、人によって解釈が異なる言葉のことです。

職場では、毎日のようにこれらの言葉が交わされます。**あいまいワードは、何か言っているようで、実は何も言っていません。**

仕事中は、極力、使わないほうがよいのです。

たとえば、チームで重大なミスが発覚したとき、再発防止のためのミーティングが開かれることでしょう。

そのとき、「今後はこういうことが起きないように、一人ひとりが注意してやっていきましょう」と簡単にまとめてしまうと、きっと同じミスがまた発生することになります。

「注意する」が、具体的にどうすることを指すのか、人によって解釈が違うからです。私にとっての「注意する」と、あなたにとっての「注意する」は違います。

「注意する」という言葉を使わずに、誰もが共通の認識を持つことができる「具体的な行動」を決める必要があります。

あいまいワードかどうかを判断するのは簡単です。目の前で実際にやってみせることができなければ、すべてあいまいワードです。

言うは易《やす》く行うは難《かた》し。あいまいワードはたいへん便利なため、一切使わないというのも難しいかと思います。

私の経験では、こうした言葉を連発するのは、たいてい疲れているときです。疲労で思考停止となっているときに、その場をなんとかそれっぽく収めようとして、発してしまうのでしょう。

重要な会議でやってしまうと、大変です。疲れているときは会議をしないという工夫も必要です。

〈指導のポイント〉

特に会議などで参加メンバーからあいまいワードが出たときは、たとえば「注意するとは具体的に何をしますか？」のように、質問によって掘り下げてあげましょう。質問されることで、自分の頭で考えることになりますし、それによってだんだんと行動が具体化していくはずです。

あいまいワードを避けることは、チームでの認識のズレをなくすだけでなく、「人にものを考えさせる」ことでもあると、マネージャー層は理解しておきましょう。

【マインドセット6】自分なりの仮説を立てて相談する

新入社員は、相談を受けるよりも相談する機会のほうが多いと思います。そんなとき、上司に、「どうすればよいでしょうか？」と相談していませんか。相手に答えを求めるような相談をしている人は、実にもったいないと思います。

新入社員が上司に相談をするのは、少し難しいケースや自分では判断がつかない場合でしょう。

たとえば、客先でクレームを受けたときが、そうかもしれません。

新入社員がお客さまを怒らせてしまい、会社に戻って、上司にその後の対応について相談しているシーンをイメージしてください。

「今日、こんなクレームを言われたのですが、どうすればよいですか？」

と、真っ先に聞きたい気持ちを抑えて、まずは自分で、どうしたらよさそうか、仮説を立ててみるのです。

部下にとって難儀な問題は、上司にとっても同じように頭を悩ませるものです。

上司は部下から「どうしたらよいですか?」と聞かれれば、立場上、一生懸命に考えて答えなければいけません。

上司は部下から難題をぶつけられるたび、自分で考えて答えを出しています。

上司といっても、思考パターンは部下とたいして変わりません。当然、間違いもあります。

それでも、問題を引き受けて自分の頭で考え、実践して失敗して、そのプロセスの繰り返しによって問題解決能力が培われるのです。

そういうことを繰り返しているから、上司は上司の立場にいるのです。

自分が成長するせっかくの機会です。上司に丸投げしてしまっては、そのチャンスが失われてしまいます。それは、もったいないことです。

上司はますます優秀になり、部下が一向に育たない現象の背景には、こうしたことがあるように思います。
まずはいったん、自分の頭で考えて仮説を立てた上で上司に相談するようにしましょう。

「今日、こういうクレームがありました。自分はこうするべきだと思いますが、どうでしょうか？」

これが正しい相談の仕方です。

相談の目的は、答えをもらうことではなく、自分の考えが正しいかどうかを確認する、あるいは自分と上司の考え方の違いを知ることにあります。

上司から自分の仮説通りの答えが返ってくると自信が持てます。

まったく違うことを上司が言っても、「なるほど、そんな視点があるのか。よく思いつくなぁ」と、それはそれで勉強になるのです。

〈指導のポイント〉

マネージャー層もまた、部下の「仮説」に新しい発見や学びを得ることが多々あります。相談にやって来た部下へ助言をする前に、部下が自分で考えた仮説そのものにも注目すべきです。

マネージャー層にとっては、部下の思考を知る良い機会にもなりますし、部下が本当にちゃんと考えたのか、考えたフリだけなのかもよくわかると思います。

【マインドセット7】情報は自分が動いて取りに行く

「情報が自分に共有されていない」「教えてもらってないからできなかった」などと嘆く人がいます。

なぜ、周りの同僚はあなたに情報を共有しなかったのでしょうか?

それは、「みんな案外、自分のことで精いっぱいだから」です。

職場の同僚は、涼しそうな顔をして仕事をしているように見えても、内心焦って自分の仕事と向き合っています。

基本的に、他人のことを考える余裕はありません。

その前提に立つと、仕事に必要な情報や知識が自分に共有されていないことを周りのせいにするのは間違っています。

情報でも知識でもスキルでも、自分から動いて取りに行かない限り、ほしいものは、いつまでも手に入りません。


以前、私が面接を担当していた頃、志望動機として、

「前の職場では研修をやってもらえなくて自分の技術が向上しませんでした。御社は研修制度が充実しているので志望しました」

と言う応募者がけっこういました。

こういう人は勘違いをしています。会社が研修をしていても、していなくても、必

要なスキルなら自分で身に付けようとするべきです。

面接でこうしたことを言う人は、自分は勉強熱心だということをアピールしているつもりなのかもしれません。


私に限らず世の経営者は、社員に勉強をしてほしいと思っているのではなく、良い仕事をしてほしいと思っています。

研修制度を会社で用意しているのは、あくまで良い仕事をしてもらうためです。

面接の場で、「研修がないから前の会社を辞めた」などと言うと、「ほしいものは、常に与えてもらうことを前提に考えている人」という人物評価をされてしまいます。

仕事でもプライベートでも、自分がほしいと思ったものが動かずに手に入ることはありません。受け身で万事うまくいくほど、世の中、甘くはないのです。


しかし、職場では、自分から動いて、先輩に「教えてほしい」と声をかけたとき、教えてもらえないことはほぼないと思います。

自分から聞きに行けば、どんな先輩でも自分の時間を割いてまで教えてくれます。誰でも人から頼られると嬉しいものなのです。

〈指導のポイント〉
マネージャー層は、情報でもなんでも「自分から動いて取りに行くことの価値」を伝えることが大事です。たとえば、部下が何かを聞きにやってきたときは、「自分から聞きに行って良かった」と最後に部下が思うように、ていねいに答えてあげるべきです。

【マインドセット8】価値観の合わない人には共感せずに「理解」する

職場では、必然的に「価値観の合わない人」とも仕事をすることになります。
誰とチームを組んで仕事をするのか、残念ながら、自分の思い通りに選ぶことはできません。

価値観の合わない人と出会ったとき、「あの人の言動には理解に苦しむ」と口にすることがあります。

この場合の「理解」という言葉は、たいていは「共感」という意味合いで使われています。「あーそれ、わかる、わかる」というようなニュアンスです。

価値観が合わない人の言動に共感する必要はまったくありません。

共感するのではなく、**どうしてそんな言動をするのかを、冷静に考えてみる**のです。

「あの人はきっとこんなふうに思っていて、そのためにこんな言動になってしまっているのだ」というように、共感はせずとも、言動の背景は理解することができるはずです。

そうすると、価値観の合わない人とでも冷静に、職場の同僚として仕事をすることができます。

この考え方は、介護や福祉など対人援助を仕事とする人であれば、基本的に誰もが身につけていると思います。

対人援助の仕事では、さまざまなケースを担当することになります。

たとえば、同居している妻にしょっちゅう暴言を吐く夫（利用者）の介護をすることもあります。

そういうときに、「妻に暴言を吐くような人の介護などやりたくありません」などと言ってしまっては仕事になりません。

一個人としては、妻に暴言を吐く夫に「共感」など誰もしません。

しかし、どうしてこの人はそんな行動をとってしまうのか、その背景を冷静に理解しようとするのが、対人援助の仕事なのです。

どんな人を担当することになっても、情緒的にならずに、ケースに向き合うことが、すべての対人援助職には求められます。

同じように、同僚の言動に共感できないことを理由にコミュニケーションを断つと、チームでの仕事はできません。

自分が共感できない言動を相手がしてしまう背景や構造を理解しようとする。それを踏まえて、自らのコミュニケーション力を調整することで、チームでの仕事を機能させることが大事なのです。

〈指導のポイント〉

自分と合わない人のことを理解しようとするのは苦痛ですし、普通はそんなことに時間をかけようとはしません。マネージャー層は、価値観の合わない人の行動を理解することは、相手のためではなく実は「自分のため」にやるのだということを理解させることが大事です。

相手の考え方や言動の動機、背景などの構造を理解することで、よけいなストレスをうまく回避できるようにもなるからです。だから、自分のためにやるのだということを伝えてあげましょう。

【マインドセット9】職場の信頼関係は「仕事ぶり」でのみ構築される

皆さんは、仕事での信頼関係とプライベートでの信頼関係のどちらが、築くのに苦労しますか？

付き合う人を自分で選べないという点で、職場での信頼関係のほうが難しいと考える人は少なくありません。

職場では、性格が合わない人とでもコミュニケーションを取り、一緒に仕事をするのですから、たしかに難しいかもしれません。

一方、職場でこんなことを思った経験はありませんか。

「この人とは、絶対に飲みに行ったりしたくないけど、仕事ぶりだけは正直、尊敬している」

そんな人がいませんでしたか？

性格が合わないのでプライベートでは関わりたくないけれども、良い仕事をするので、勤務時間中は問題なくチームで仕事ができている、という人です。

職場での人間関係は、これでよいのです。

上司や同僚との関係構築のために、気を遣いすぎる人がいます。

職場で信頼関係を築くのに好き嫌いは関係ありません。**信頼関係は勤務時間中の「仕事ぶり」でのみ、築かれる**のです。

ですから、よけいなことを考えずに、良い仕事をすることだけに集中しましょう。


〈指導のポイント〉

職場の信頼関係は「飲み会」では築けないということも、マネージャー層はわかっておくとよいと思います。飲み会が不要という意味ではなく、職場の飲み会が、その効果（結束力の醸成など）を発揮するには条件があるのです。

つまり、仕事でお互いやり切った、チーム皆で成し遂げた、という「共に頑張った経験」が前提として必要なのです。仕事に打ち込んでもいない人たち同士が飲み会をしても、それによって仕事中の信頼関係が築けることはないのです。

【マインドセット10】謝罪よりも「自分にできること」を考えて引き受ける

自分のミスでお客さまに迷惑を掛けてしまったら、誰に言われるまでもなく謝罪をすると思います。

では、このような場合はどうしますか。

「朝、子どもが発熱して、急に会社を休むことになった」

「自分がインフルエンザに罹患し、出勤できなくなった」

周囲に迷惑が掛かるので、やはり、一言お詫びするのかもしれません。

しかし、この場合、休んで迷惑を掛けたことを謝ったとして、翌日もまた子どもが発熱するかもしれません。そうしたら、また同じように謝るのでしょうか。

たしかに、迷惑をかけているのかもしれませんが、「誰にも非がない」「反省のしようがない」ことを謝り続けるのはつらいものです。

「今後は気を付けてくださいよ」と注意することができないので、謝られ続ける側もしんどいのです。

本音では、「おいおい、またかよ」と思いながらも、毎回謝る同僚に対して、「仕方ないですからね。大丈夫ですよ」と言い続けるしかありません。

こういうときは、謝罪よりも迷惑を掛けた分、代わりに自分ができることを考えて、行動してみるのがよいと思います。

たとえば、「昨日は急な休みで迷惑を掛けました。今日は私が掃除当番を代わるので、先に帰ってくださいね」と言ってみる。

内容は何でもよいのです。ポイントは、何をするかは自分で考えるということです。「何かあったら手伝うので言ってくださいね」という人はけっこういますが、そうではありません。**何ができるかは周りではなく、「自分で考えて引き受ける」**ことに意味があるのです。

では、「今日は私が掃除当番を代わる」と申し出た場合、相手はどのように反応すると思いますか。

おそらく、「いやいや、子どもが熱で休むのは仕方がないし、お互いさまですよ」と言ってもらえて、実際には、掃除当番を代わることはないはずです。

もちろん、「助かります」と言われれば、気持ちよく掃除当番を代わってあげましょう。

いずれにしても、謝る側も謝られる側も、これで精神的な負担が軽くなります。

仕事をしていると、誰もがやむを得ない事情で周りに迷惑を掛けることがあります。

そのたびに、謝罪し続けるよりも、迷惑をかけた分、代わりに「自分でできること」を考えて引き受けることで、気持ちよくチームで仕事ができます。

〈指導のポイント〉

これは決して強制させるようなものではないということを、マネージャー層は理解しておく必要があります。つまり、本人に対して「迷惑をかけたのだから、自分で考えて何か引き受けろ」ということを言ってはいけません。自らの意思が重要な、姿勢の問題ですので、このような考え方で仕事をすることのメリットや価値は伝えても、業務指示のような形で伝えないようにしましょう。

【マインドセット11】大切なのは顧客満足度よりも「顧客の成功」

顧客満足度は、レストランやホテル業などのサービス業にとって、たいへん重要な指標です。昨今では、介護事業もまた、同じサービス業として「おもてなし」を重視する会社が増えてきました。

２０２５年には、人口のボリュームゾーンである「団塊の世代」が75歳以上となり、それに比例して介護サービスを受ける人たちも増えてきます。

彼ら彼女らが今までの高齢者と違うのは、戦後の高度経済成長の中で豊かな生活を送ってきた人たちだということです。「良いサービスを受けられて当然」と思われている人も多いでしょう。

現在の介護サービスが、そうした団塊の世代が満足する水準に達しているかと言えば、いささか心許ない気がします。私たち介護事業者も、サービス業としての自覚を今まで以上に持つべきかもしれません。

その一方、介護サービスを利用する利用者は、そもそも「おもてなし」を受ける対象なのかという疑問もあります。

それは、デイサービスなどの介護事業所をどういう場所としてとらえるかによって、その位置づけが変わってくると思います。

私の会社では、デイサービスは行きたくて行く場所ではなく、行く必要があって行く場所であるととらえています。

たとえば、要介護状態となり、家事を行えなくなった人が、もう一度家事ができるようになるために必要な訓練を提供する場所と考えているのです。

そう考えると、デイサービスはおもてなしを重視するよりも、利用者の目標の達成、「成功」にこだわるべきでしょう。

すべての介護事業者は、利用者一人ひとりに、暮らしの中で達成すべき目標を設定し、その達成のために必要な訓練をすることが求められています。

しかし、それは簡単ではありません。

たとえば、「1人でトイレに行けるようになる」という目標がずっと未達成でも、その利用者はデイサービスを楽しまれています。なぜ、いつまでも目標が未達成なのか、説明を求められることもありません。

つまり、大多数の利用者は「満足」してくれているのです。

デイサービスで仕事をするスタッフは専門職です。学校で数年間、高齢者の暮らしを支援するための専門技術や知識を学び、国家資格を取得しています。

利用者が「満足」していることに甘えて、その人の「暮らしの目標」が未達成なのをよしとしてしまっては、何のための専門職なのかわかりません。

専門職が、自分の資格を最大限に活かして、利用者の満足度よりも「成功」にこだわる。目標達成に頭を悩ませる。


そうした姿勢で仕事に向き合わないと、介護の仕事はいずれ、すべて素人のボランティアでもできると思われてしまいます。

そうなって一番困るのは、専門職本人のはずです。

〈指導のポイント〉

マネージャー層は、「顧客の満足 or 顧客の成功」というような二者択一の問題ではないということを、誤解させてはいけません。なぜなら、顧客の満足というのは、顧客の成功に必要な要素ではあるからです。顧客が満足していない状態では、顧客の成功に必要なサービスであっても提供させてもらえませんし、そうなれば結局顧客の成功は実現し得ないからです。顧客満足度を軽視してはいけないのだということをわかりやすく説明するようにしましょう。

コラム

管理職に必要な知識・スキルはすべて「後付け」できる

私の会社の社員は、ほぼ全員が看護師、理学療法士、社会福祉士、介護福祉士などの資格を有する専門職です。

チームで仕事をする以上、管理職が必要ですから、おのずと専門職が管理職を兼務するかたちになっています。病院なども同じような体制だと思います。

昨今、管理職は働く時間と責任が増える「割に合わない役職」であり、誰も管理職になりたがらないという風潮も耳にします。

私の会社の専門職にも、「マネジメントは専門外なので、自分にできるイメージが湧かない」「管理職＝リーダー＝素質」と思っている人が多くいます。

そのため、初めて管理職になる人には「管理職に求められる知識やスキルは素質に関係がなく、すべて後付け可能なものです」と伝えています。

中小企業では、管理職向けの教育プログラムが充実している会社は、それほど多くないと思います。適切な訓練を受けることもなく、自己流のマネジメントをしてしまい、管理職になった途端に疲弊してしまいがちです。

そこで私の会社では、管理職向けの教育プログラム「Smart Boarding（スマート ボーディング）」というeラーニングのシステムを導入しています。「指示の出し方・受け方」「ほめ方・叱り方」「数字管理の方法」「面談の方法」などがオンライン講義で学べます。プランによって料金は異なりますが、1アカウント・月1000円前後で利用でき、コストパフォーマンスが良いのです。

このシステムでは、管理職の仕事で必要なテーマが講義として多く用意されています。講義終了後には、受講者と役員を社内のオンラインでつなぎ、受講者の学びをアウトプットする時間を30分設けています。

さらに、このときの学びを次の2週間で実践し、オンラインで成果発表するところまでをワンセットにしています。講義ごとに同じことを繰り返します。これを半年〜1年続けると、管理職としての仕事ができるようになります。

ちなみに、これらはすべて勤務時間内に行っているので、社員にとって時間的な負担はありません。

【第5章】まとめ

新人研修では、仕事の上で正しい習慣を教える

第6章

地域ナンバーワンを目指す経営理念

なぜ「地域ナンバーワン」を目指すべきなのか

私は、沖縄という縁もゆかりもなかった地で、介護業界という未知の業界で会社をスタートさせました。経営者となったのも初めてです。

スタートして10年で、沖縄県において拠点数最多の介護事業者となっています。第6章では、ここまでに至った背景についてお話しします。

私が沖縄で起業することになったのは、玉城榮則《たまきしげのり》さんとの出会いがあったからです。

玉城さんは沖縄最大のディスカウントストア「ビッグワン」の創業者です。

大学を卒業後、ベンチャー・リンクに就職した私は、会社の先輩を介して玉城さんと知り合ったのです。

当時の玉城さんは、沖縄で介護事業を始めるにあたって、立ち上げから運営までですべてを任せられる経営者を探していました。その白羽の矢が立ったのが、私でした。玉城さんから「沖縄で一番の介護の会社を作りませんか」と誘われ、面白そうだと感じた私は、すぐに「イエス」の返事をしました。

「やる以上は地域ナンバーワンになろう」という玉城さんの声がけは、これから事業を始める私への激励の意味合いもあったと思います。

それ以上に、玉城さんは、地域ナンバーワンになることで得られるメリットを知っていたのです。それは沖縄最大のディスカウントストアを経営する玉城さんだからでしょう。

やる気まんまんで沖縄に移住してきたものの、うまくいかないこともあり、期待に応えられていないのではないかと、悩んだこともありました。

沖縄に縁やゆかりがあったわけでも、介護事業に関心があったわけでもありません。まだ海の物とも山の物ともつかない私を信じてくれた玉城さんの、その期待に応えたいと強く思ったのです。

地域ナンバーワン企業には銀行はお金を貸す

玉城さんから伺った話で、とくに象徴的だったのは、「地域ナンバーワンになれば銀行はいつでもお金を貸すよ」ということでした。

創業してから、新規事業所を開設するたび、銀行に行って、融資の相談をしていました。銀行の担当者に渋られたり、借りられても高い金利の上に、信用保証付きの融資だったりと、資金調達に腐心していました。

そんなときに、玉城さんから聞いたのが、この話でした。

ある業界で地域ナンバーワン企業になると、地元では、なくてはならない会社、公共財のような会社となります。

今、毎年のように、沖縄で多くの人を採用しているとよくわかります。

全国的には知られていなくても、地元ではナショナルブランド以上の支持を得ている商品やサービスはよくあり、ローカルビジネスならではの面白さがあります。

玉城さんが創業した「ビッグワン」もそうです。

今、沖縄にも全国的に激安で知られる有名ディスカウントストアが進出していますが、沖縄県民にとって総合ディスカウントストアといえば「ビッグワン」です。圧倒的な知名度と地元の人たちからの絶大な支持を得ています。

そうなると、地元の銀行も全面的に応援してくれ、お金も借りやすくなる。これは地域1番と2番の会社とでは、まったく違うという話でした。

さすが、沖縄で1番のディスカウントストアとなった企業の創業者です。話に説得力があります。

地域ナンバーワン企業だと採用でも有利

採用の面でも、地域ナンバーワン企業であれば、当然、有利に働きます。

一般に、求職者が入りたいのは、給与水準が同業他社よりも高くて、残業がなく、休みが取りやすい会社です。

その条件を満たすのは、安定感のある大企業です。

加えて、どういう会社で自分が働いているか周囲の評価を気にする人も多いでしょう。そういう意味でも、採用においては大企業が有利です。

地域ナンバーワン企業は「その地域における最大手企業」です。

私の会社も全国の介護事業者と比べると、まだまだでしょうが、沖縄県に限定すれば、「最大手の介護事業者」と見られています。

地域限定であっても、最大手であれば応募者からも選ばれます。純粋な求人条件以外の部分で勝負できるようになります。

中小企業が競合他社と戦って生き残っていくためには、全国規模の大手企業の仲間入りをする必要はありません。その地域の最大手＝地域ナンバーワンを目指せばよいのです。

本書でお伝えしてきた、「法律・契約・約束」を守ることの重要性は、今後、確実に高まってきます。

働き方改革や男性の育児休業取得の推進など、会社としてこれから対処すべきことも増えるでしょう。そんな中で、小さな会社のままでは、利益を出し続けることも、ますます難しくなっていくでしょう。

そう考えると、すべての企業経営者は規模を追求し、地域ナンバーワン企業を目指すべきなのかもしれません。

「ベンチマーク戦略」で徹底的にまねする

会社をスタートさせたとき、私が考えたのは、まずは、「どの会社をベンチマークとしようか」ということでした。

手本とするべき会社を探したのです。同じ業界で活躍する経営者の本やブログを調べ、講演があれば全国どこへでも聞きに行きました。

勉強のためというより、ベンチマークとする対象を探すことが目的でした。

初めから自己流で進めるつもりはなく、ベンチマークとする対象を決め、そのやり方を自分のものにしようと考えたのです。

徹底的にまねすること。これは、ベンチャー・リンク時代に、営業成績を上げるために行っていた私の「勝ちパターン」でした。

入社して間もなく、会社の先輩から、「うちの会社は全員が○○会長(当時の会長)になればよいから」と言われました。

それは、よけいなことを考えず、社員全員が会長と同じ考え方、同じものの見方をし、同じように話せるようになる、という教えです。

会長がセミナーや会議で話した音声を聞き、文字に起こして毎日読む。それを妥協せずに続けた人が成果を上げて会社の重要なポジションに就く、そういう会社だったのです。


加えて私は、同じ部署の上司をたいへん尊敬していました。上司と一緒に行った客先での商談の音声や営業トークを聴き続け、自分でも試していました。

その結果、私が生まれていない時代の話を、あたかも自分が直接経験してきたように話すので、商談相手には、「よく知っているね、でも君はいくつなの?」と驚かれることがしばしばありました。

トークの内容はもちろん、息づかいや話の間まで意識してまねしていたので、商談では完全に上司に成り切っていたと思います。もちろん営業成績も上がり、4年後には、トップセールスになりました。

この成功体験により、「ベンチマークすべき対象を見極める力」「完璧にまねて自分のものにする力」が、私の強みだと自覚するようになりました。


私は自社創業から2年間、全国の介護経営者の講演会に参加しました。東京で、株式会社楓の風の小室貴之代表から話を伺う機会がありました。

小室代表が話すことは、多くの経営者の話の中でも、一番腑に落ちました。小室代表は人柄も素晴らしい方です。

それ以来、私は小室代表が運営するデイサービスの見学や研修にも参加しました。私の会社の社員にも同様の研修に何人も参加させています。

私の会社の新入社員研修や運営方針も、小室代表の考え方がベースになっている部分が多々あります。

小室代表が言っていることを社員に伝え、小室代表がこうあるべきという介護事業所になろうと努力し、今の規模の会社になったのです。

経営者も社員も「仕事は演技」と考える

管理職なのに、「私は性格的に、面と向かって部下の間違いを指摘できません。したくありません」と言う人がいます。

また、「私は人見知りなので、営業には向いていないと思います」と言う営業の人もいるかもしれません。

仕事には、向き、不向きや適性があることは確かです。

しかし、ひとたびその仕事に従事すれば、向いている、向いていないなどと言ってはいられません。

プライベートでは人見知りのキャラだとしても、勤務時間中は職務に必要なキャラを演じるべきです。

営業マンなら営業マン、管理職なら管理職として、成果を上げる有能な人物になろうとする努力が必要です。

どんな仕事でも、「ありのままの私」で務まれば苦労はしませんが、そうはいかないものです。

たとえば、私の自宅の部屋です。社員は「社長は几帳面なので、自宅の部屋は、最低限のものしか置かず、シンプルで清潔だろう」と思っているかもしれません。

しかし、実際の私の部屋は乱雑で、飲みかけの缶コーヒーがそのままになっていたりします。

会社で整理整頓を口うるさく言うのは、それが社長としての仕事だからです。私本来の性格とはまったく関係ありません。

仕事中はすべてが演技だと言っても、過言ではありません。

職場の誰かのデスクに飲みかけの缶コーヒーが何日も放置されていたら、私は許しません。仕事では「経営者としての役柄」を演じればよいのです。

社員も同じです。どんな役割を与えられても、とにかく、ありのままの自分で仕事をすることに執着すると、望まない転職を何度もしなくてはならないかもしれません。そうなると、人にはいろいろな可能性があるのに、自分のキャリアの幅を狭めてしまいます。たいへんもったいないことです。

あなたの性格を変える必要はありません。

経営者でも管理職でも、どんな職種でも、勤務時間中だけ、仕事で求められる役柄を演じればよいのだと思えば、少しは気が楽になるのかもしれません。

コラム

地域ナンバーワンを目指して見えた会社の軸

私の会社は2024年3月で12期目に入りました。現在の会社のビジョンは「沖縄を代表する在宅支援の会社になる」です。

リハビリ特化型デイサービス「リハビックス」からスタートし、以降、脳卒中リハビリセンター「ホコトレ」、訪問看護ステーション「クラセル」、障害福祉分野のヘルパーステーション「わくわくの森」に加えて、2023年5月には、365日通えるデイサービス「シンタウン」もスタートさせました。

「リハビックス」は、「1人でトイレに行けない」「かつての趣味を諦めてしまった」など、日常生活における課題を、リハビリによって改善・解決してもらうための場所です。

「ホコトレ」は、私の会社の事業で唯一、医療保険や介護保険などの公的保険が適用されません。いわゆる一般的なジムと同じ業態です。脳卒中（脳梗塞、脳出血、くも膜下出血）で身体に麻痺が残った方にリハビリを施し、仕事への復帰や運転の再開、社会復帰をしてもらうのが主な目的です。

「クラセル」は、自宅内での看護が必要な方々の暮らしの支援を行うのが目的です。乳幼児から高齢者の看取りまで幅広く対応しています。

「わくわくの森」は、ＡＬＳ（筋萎縮性側索硬化症）や各種障害（知的障害、身体障害、精神障害）をお持ちの方の日常のケアが目的です。

「シンタウン」は、「リハビックス」と同じデイサービスの業態ですが、「リハビックス」では実施しない食事や入浴の提供、また一年を通して３６５日通所可能なデイサービスです。

このように列挙すると、さまざま事業を展開しているように見えますが、すべて「在宅支援」に関する事業ばかりです。在宅支援は、介護や医療ニーズがある方の自宅での暮らしを支える事業です。

私の会社は「リハビックス」で創業しました。創業から10年間は「沖縄で一番のデイサービスの会社になる」というビジョンでした。

そして、そのビジョンは拠点数や利用者数で実現しました。次のビジョンとして掲げたのが、「沖縄を代表する在宅支援の会社になる」ことです。

私たちはこの10年、デイサービス事業を展開する中で、他人の暮らしを支援することの難しさや奥深さを学びました。同時に、在宅支援こそが私たちの強みであり、次の10年もさらに深めていくべき事業領域であると確信しています。

介護業界という未知の世界で、新人経営者として始めた私ですが、はっきりと会社の強みや軸が見えてきました。それはきっと、地域ナンバーワンを目指して走ってきたからこそだと思っています。

やはり、どうせやるなら、一番を目指さなくてはいけません。

【第6章】まとめ

経営者は地域ナンバーワン企業になるために必要な行動を取る

おわりに

経営者が正しいことを堂々と言える会社になろう

最後まで読んでくださり、ありがとうございました。

本書を執筆するにあたって、改めて自社のことを振り返ってみると、この10年は経営者が経営者として成長するための「方法論」を学ぶ時間だったことがわかりました。

創業1年目の頃は、遵守すべき法律や契約の知識もなく、とにかく「スタートアップだから」という気持ちで、今思うと乱暴な経営をしていました。

雇用主であることの自覚が芽生えるにつれ、徐々に労働関係の法令を学びました。法令を知れば知るほど、今度は、「後ろめたさ」を感じるようになりました。遵守できていないことで社員に気を遣い、言うべきことを堂々と言えなくなっていたのです。

「これではダメだ」とそれまでの方針を変え、改革をスタート。5〜6年目にひと通りの法律や契約違反を解消しました。その後、さらに改善しながら、ようやく現在の会社の形になりました。

だからこそ思います。

会社の成長をもっとも阻害するのは、経営者が感じる「後ろめたさ」です。

世の中には、経営に関するさまざまな本があり、たくさんの経営コンサルタントがいるのに、改善せずに困っている会社や経営者が後を絶ちません。

そこには何らかの「エラー」があるはずです。

私は本書で「順番が間違っている」ことを仮説として示しました。会社の成長にとって正しいアクションでも、順番を間違うと期待する効果は得られません。

その順番とは、まず「法律・契約・約束」を守ること。そのための社内体制を整備することです。

大企業では当たり前にクリアできていることが、中小企業では驚くほどできていません。

この3つが守られていない状態は、いわば「マイナスの状態」です。

マイナスの状態でいくら福利厚生を充実させ、資格取得の支援制度を作り、社員においしいご飯をご馳走したところでうまくいきません。

社員は、「そんなことよりも労働基準法を守ってほしい」と思っています。

まずはマイナスをゼロにするところから取り組んでみてください。

1つずつマイナスをゼロにしていく過程で、私の中の後ろめたさは解消されていき、正論を堂々と主張できるようになりました。

本来、仕事で手を抜く社員には普通に叱るべきなのです。

しかし、その社員にいつもサービス残業をさせていると、それはそうだとしても指摘しにくいと思うのが、普通の人の感覚ではないでしょうか。

社内体制を整備し、経営者の後ろめたさがなくなると、「モチベーションが上がらない」と言う社員にも、「モチベーションがあってもなくても、契約通りきちんと仕事をしてください」と真顔で言うことができます。

これはすごく健全で良いことです。会社が法律と契約と約束を遵守している限り、モチベーションが上がらないのは本人の問題であり、本来、会社は関係ありません。

日本の中小企業が過度に従業員に気を遣い、不自然にモチベーションを上げようとするのには、守るべき法律や契約が守られていないことの「誤魔化し」の側面があると思っています。

社員に高級寿司をご馳走して、チャラにしている気になっている社長もいると思います。残念ながら、チャラになるはずがありません。

大切なのは、経営者がいつでも正しいことを堂々と言える健全な環境を作っておくことです。

それができた上で、さらにモチベーションを上げるための策を、可能な範囲で行うとよいと思います。順番を間違えてはいけません。

私にお伝えできることは、マイナスをゼロにするところまでで、ゼロをどうプラスにするかはあなた次第です。

しかし、順番通りにやると、会社はどんどん良くなることを確信しています。

ぜひ、本書をきっかけに、1人でも多くの中小企業経営者が「後ろめたさのない経営」を実現できれば、たいへん嬉しく思います。

株式会社ベストライフ 代表取締役
西川雄太

【著者プロフィール】

西川 雄太（にしかわ・ゆうた）

株式会社ベストライフ 代表取締役

1984 年、大阪府吹田市生まれ。
関西大学経済学部卒業。
2008 年、株式会社ベンチャー・リンクに入社し上京。その後、自らが立ち上げた新事業で全社トップセールスとなる。
2013 年、東京から縁もゆかりもない沖縄へ単身移住。28 歳で株式会社ベストライフを創業し、前職同期で現常務取締役の吉元哲兵を加えて介護業界に参入。
現在、リハビリ特化型デイサービス「リハビックス」、訪問看護ステーション「クラセル」、沖縄脳卒中リハビリセンター「ホコトレ」など、23 拠点を運営。社員約 200 人。設立 10 年で、沖縄県において介護事業所数最多となる。
2021 年、訪問看護ステーションに「週休 3 日制」を導入。2 年連続離職ゼロを実現。現在でも低離職率を維持。高定着率を支える取り組み・メソッドは各種メディアでも取り上げられ、介護業界のほか、他業種からも注目されている。

企画協力　株式会社天才工場　吉田　浩
編集協力　水波　康、廣田祥吾
組版・図版　株式会社プロ・アート
装　　幀　華本達哉（aozora.tv）
校　　正　菊池朋子

「できる人材」が定着する会社のつくり方

2024年6月18日　第1刷発行

著　者　　西川雄太
発行者　　松本　威
発　行　　合同フォレスト株式会社
郵便番号　184-0001
東京都小金井市関野町1-6-10
電話 042（401）2939　FAX 042（401）2931
振替 00170-4-324578
ホームページ　https://www.godo-forest.co.jp/
発　売　　合同出版株式会社
郵便番号　184-0001
東京都小金井市関野町1-6-10
電話 042（401）2930　FAX 042（401）2931
印刷・製本　株式会社シナノ

ISBN 978-4-7726-6255-0　NDC 336　188×130